Curso de español lengua extranjera

A1-A2

DIMENSIONES

Libro de ejercicios

AF278236

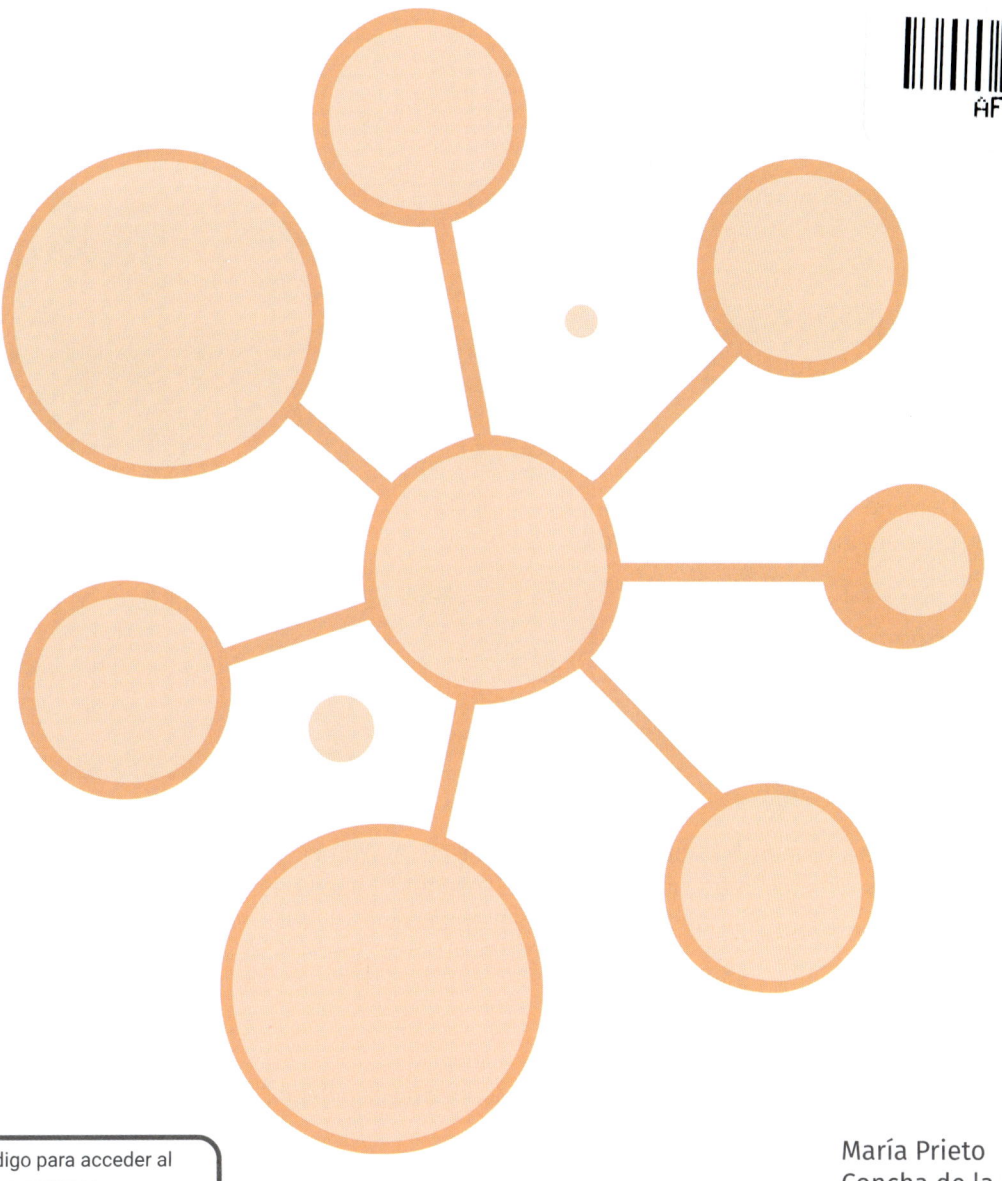

María Prieto
Concha de la Hoz

edelsa

1.ª edición: 2026

© Edelsa, S. A. Madrid, 2026
© **Autoras:** María Prieto Grande y Concha de la Hoz Fernández

Equipo editorial:
Coordinación: Alicia Iglesia
Edición: Pilar Justo
Edición digital: Eva Gómez
Corrección: Natalia García

Diseño de cubierta: Carolina García
Diseño y maquetación: Carolina García y Ricardo Polo

ISBN: 978-84-9081-964-7
Depósito legal: M-6694-2026

Impreso en España/*Printed in Spain*

Fotografías:
Cordon Press (AP Photo; Luca Bruno/AP Photo; Fox/Everett Collection; Warner Brothers/ Everett Collection), Depositphotos/ Chriscarnell @hotmail.co.uk, Dreamstime/Quickimage (Hutchinsphoto; Lago López), Getty Images (Europa Press; Pablo Cuadra; Philip Fong/AFP), iStock/Getty Images, 123RF y colaboradores, 1492 PICTURES/ HEYDAY FILMS/WARNER BROS/ Album.

Audio:
Locuciones y montaje sonoro: Bendito Sonido
Voces de la locución: Pablo Ibáñez, Marta Méndez, Tatiana Méndez (Chile), René Durán (Colombia)

PAPEL DE FIBRA
CERTIFICADA

DIMENSIONES

A1
A2

Índice

21 razones para aprender español

Palabra por palabra

● Saludos y despedidas

1. Observa las imágenes. ¿Cómo se saludan o se despiden? Completa con seis de estas expresiones. Hay varias opciones.

¡Buenos días! ● ¡Adiós! ● ¡Hola!, ¿qué tal? ● ¡Hasta luego! ● ¡Ey! ● ¡Hasta mañana! ● ¡Chao! ● ¡Buenas noches!

> **C**
> En Argentina y en México, para saludarse usan *¡Qué onda!*
> En Costa Rica dicen *¡Pura vida!*

a. ....

b. ....

c. ....

d. ....

e. ....

f. ....

2. En España también hay otros saludos y despedidas. Observa las imágenes. ¿Existen en tu país? Marca la forma más común. ¿Hay otras diferentes?

dar la mano

dar un abrazo

dar un beso

3. Lee y completa con *por la mañana*, *por la tarde* o *por la noche*. Después, relaciona cada situación con el reloj correspondiente.

a. .... tengo clase de español. Luego estudio en la biblioteca.

b. Te llamo .... ¡Hasta luego!

c. Hablamos ...., ahora estoy en la oficina.

22:00

18:30

9:15

Países, nacionalidades e idiomas

4. Este es el mapa de Hispanoamérica. En parejas, en 5 minutos, completad los datos de los países que faltan. Gana la pareja que termina antes.

5. ¿Con qué países relacionas estas capitales? Escríbelo y comprueba con tu compañero/a.

a. Buenos Aires
b. Ciudad de México
c. Caracas
d. Lima
e. Quito
f. Bogotá

6. Todas son nacionalidades, pero no todos son idiomas. Marca el intruso y explica por qué, como en el ejemplo. Hay varias opciones.

a. francés, español, alemán, *ecuatoriano*

b. mexicano, ucraniano, inglés, griego

c. pakistaní, neerlandés, belga, portugués

d. chino, brasileño, italiano, sueco

> Ecuatoriano no es un idioma. El idioma es español.

1 _ _ x _ _ _
....
2 Guatemala
Ciudad de Guatemala
3 _ _ _ _ _ v _ _ _ _
San Salvador
4 Costa Rica
San José
5 _ _ n _ _ _
Ciudad de Panamá
7 Ecuador
....
8 Perú
....
10 Chile
Santiago de Chile
11 _ _ g _ _ _ _ _
....
18 _ _ b _
La Habana
República Dominicana 17
Santo Domingo
16 _ _ _ _ t _ _ _ c _
San Juan
19 Honduras
Tegucigalpa
15 Nicaragua
Managua
6 Colombia
14 Venezuela
....
9 B _ _ _ _ _ _
La Paz
13 Paraguay
Asunción
12 _ _ _ _ _ _ y
Montevideo
Brasil
Brasilia

OCÉANO PACÍFICO

OCÉANO ATLÁNTICO

Números del 0 al 30

7. Lee los diálogos y escribe los números en letras. Compara con tu compañero/a.

A
—Carla, ¿el móvil de mamá?
—¿Otra vez? Apunta: 6, 23, 24, 01, 17
—Bien: ....,
..................................., ...,
..................................., ...,
....
—¡Gracias!

B
—Martín, ¿el teléfono de Antonio, por favor?
—Sí, apunta: 6, 18, 15, 22, 30.
—Apunto: ....,
..................................., ...,
....
—Gracias.

C
—Valeria, ¿tu número de casa?
—El 14 ....
¡No!, el 16 ....
—Vale. Gracias. Llego en 5
.... minutos.
—Bien. ¡Hasta luego!

Me identifico

1. Ordena y completa el diálogo con *ser* y *llamarse*. Comprueba con tu compañero/a para completar la ficha. ¿Qué monumento relacionas con cada persona?

☐ ¡Buenos días! .... Juliette. ¿Cómo .... ustedes?

☐ Nosotros .... de Barcelona. Y tú, Juliette, ¿de dónde ....?

☐ Muy bien. Mañana nos vemos en clase.

☐ ¡Hola! Yo .... Luca y .... italiano, de Roma. ¿De dónde .... ustedes?

☐ Buenos días, Juliette, yo .... Jordi y ella .... Anna.

☐ Anna y yo .... los profesores de español.

☐ Yo .... francesa, de París.

☐ Mucho gusto. ¿Y tú quién ....?

☐ Sí. ¡Hasta mañana!

☐ ¡Adiós!

U

Para reaccionar a un saludo podemos decir:
Mucho gusto
Encantado/a

La Torre Eiffel

El Coliseo

La Sagrada Familia

Nombre (s)			
Nacionalidad			
País			
Idioma			
Monumento			

2. Ahora, lee este diálogo y completa la ficha con la información adecuada. Comprueba con tu compañero/a.

Nikos: ¡Hola! ¿Cómo te llamas?
Ingrid: ¡Hola! Me llamo Ingrid. ¿Y tú?
Nikos: Yo soy Nikos. Mucho gusto.
Ingrid: Encantada. ¿De dónde eres, Nikos?
Nikos: Soy de Atenas. ¿Y tú? ¿Eres francesa?
Ingrid: No, no soy francesa. Soy alemana, de Hamburgo.
Nikos: ¿Hablas español?
Ingrid: Un poco. ¿Y tú, qué lenguas hablas?
Nikos: Hablo griego, inglés y ahora tengo clase de español.
     ¿Qué *e-mail* tienes?
Ingrid: IngHamb@gmail.de.
Nikos: Genial. Gracias. ¡Hasta luego!
Ingrid: Vale. ¡Adiós!

a. Saludarse _____
b. Preguntar por el nombre _____
c. Preguntar por la nacionalidad _____
d. Preguntar por la lengua _____
e. Pedir la dirección de *e-mail* _____
f. Despedirse _____

C

En España decimos:
@ = arroba
. = punto

3. En parejas, escribid un diálogo con la información de estas dos personas. Después, leedlo en clase.

....

....

....

....

....

....

....

Charles Janssens

Nacionalidad: belga
Idiomas: francés y flamenco
Ciudad: Amberes
E-mail: chabel23@gmail.com

Meiling Yuang

Nacionalidad: china
Idiomas: chino
Ciudad: Pekín
E-mail: meilbeijing20@gmail.com

4. ¿Quién es quién? En parejas, elegid un personaje y escribid un texto, como en el ejemplo, con los datos correctos. Después, buscad un dato curioso para presentarlo en clase.

Enrique Iglesias

Frida Kahlo

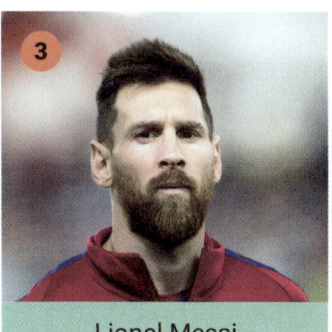

Lionel Messi

Sofía Vergara

Nacionalidad	Ciudad	País	Profesión
español/-a	Coyoacán	Argentina	actriz
mexicano/a	Madrid	Colombia	cantante
argentino/a	Barranquilla	España	futbolista
colombiano/a	Rosario	México	pintora

1. Enrique Iglesias es (nacionalidad) ...., de (ciudad) ...., (país) ...., y es (profesión) ....

Dato curioso: ....

5. Ahora, piensa en un famoso de tu país en la cultura, el deporte o la política y prepara una breve presentación. Busca también un dato curioso de esa persona. Después, preséntalo en clase.

Mi país y mi lengua

1. Lee cómo se presentan estos empleados de la empresa HISPLAT y escribe el verbo en la persona adecuada.

¡Hola! Buenos días o buenas tardes a todos. Como saben,
.... (ser) (1) Luzia Gomes, de Lisboa, Portugal.
.... (Ser) la CEO de HISPLAT. .... (Hablar)
portugués, francés y español. Conmigo está (2) Gaspar Jara Guerrero.
Él .... (ser) chileno, de Santiago, y .... (ser) abogado de
la compañía. .... (Hablar) español, portugués y francés. Esta
reunión es para presentar a dos compañeros nuevos en Argentina.
Buenas tardes, Mateo y Leonardo, y bienvenidos.

¡Hola! Gracias, Luzia, y buenas tardes a todos. Nosotros .... (ser) (3) Leonardo Rosado y Mateo Ferretti (4).
.... (Ser) de Argentina. Leonardo .... (ser) de La Plata y yo .... (ser) de Córdoba. Los dos
.... (hablar) español, italiano e inglés. .... (Ser) informáticos aquí en HISPLAT-Buenos Aires.

¡Hola a todos! Pues yo .... (ser) (5) Fernanda Sousa. .... (Ser) de São Paulo, Brasil. Soy psicóloga.
Hablo portugués, español e inglés. Y voy a presentar a Alba, que tiene problemas de conexión. (6) Alba González Peces
.... (ser) de Santiago de Compostela, España. .... (Ser) consultora en HISPLAT-Madrid.
.... (Hablar) español, portugués y alemán.

2. Con la información anterior, completa la ficha de las personas que participan en la reunión. Compara tus resultados con tu compañero/a.

	NOMBRE	LUGAR DE ORIGEN	PAÍS	PROFESIÓN	IDIOMAS
1	Luzia			directora general	
2			Chile		
3					
4			Argentina		español, italiano, inglés
5					
6		Santiago de Compostela			

3. ¿Qué idioma tienen en común estas personas que trabajan en HISPLAT? ....

4. Elige el interrogativo correcto para completar estas preguntas sobre la persona 6 de la reunión anterior. (Hay dos interrogativos que no necesitas). Luego, responde a las preguntas.

qué ● cómo ● quién ● dónde ● por qué

a. —¿............................ se llama?   —...

b. —¿............................ se apellida?   —...

c. —¿De .... es?   —De ....

d. —¿............................ lenguas habla?   —...

5. Estas son actividades de cada día. Escribe cada una debajo de la imagen adecuada.

caminar por el parque ● mirar Instagram ● sacar una foto ● tomar un café
trabajar en una oficina ● beber agua ● llamar por teléfono ● escuchar música

a. ……………………………………

b. ……………………………………

c. ……………………………………

d. ……………………………………

e. ……………………………………

f. ……………………………………

g. ……………………………………

h. ……………………………………

6. ¿Conoces a tu compañero/a? Marca con x qué actividades haces tú. Después, pregunta a tu compañero/a. Comparte tus resultados en clase, como en el ejemplo.

> Los dos tomamos café, pero él toma café por la mañana y yo tomo café por la tarde.

	por la mañana		por la tarde		por la noche		el fin de semana	
	él/ella	yo	él/ella	yo	él/ella	yo	él/ella	yo
tomar (un) café	X			X				
caminar por el parque								
comprar comida								
estudiar								
trabajar								
escuchar las noticias								
escuchar música								
mandar mensajes								
hablar por teléfono								
mirar las redes sociales								
sacar fotos								

7. ¿Qué lenguas estudias y por qué? Aquí tienes algunos motivos. Marca tus opciones.

☐ por la cultura   ☐ porque me gustan los idiomas   ☐ por mi pareja

☐ por mi trabajo   ☐ porque quiero hacer un Erasmus   ☐ porque tengo familia

☐ porque quiero viajar por...   ☐ por la música   ☐ otros

 **COMPRENSIÓN DE LECTURA**

TAREA 2
Leer mensajes y relacionar con frases

Vas a leer 10 mensajes. Tienes que relacionar cada mensaje (A-J) con la frase correspondiente (1 a 6). Hay diez mensajes con el ejemplo. Tienes que seleccionar seis.

Ejemplo:

Frase 0. Es de Bogotá. La opción correcta es la A, porque dice *soy de Colombia, de la capital.*

A ¡Hola! Me llamo Claudia, soy de Colombia, de la capital, y trabajo en Medellín.

B Karen y yo viajamos juntas por trabajo.

C ¡Hola, Manuel! ¿Llamas tú por teléfono a Santiago, por favor? Gracias.

D Buenas tardes, soy Julio, soy hondureño y estudio Turismo en Chile.

E ¡Buenos días! Soy Lou y estoy en España porque estudio español.

F ¡Qué bien! Ya acabamos la clase. Mañana nos vemos. ¡Adiós!

G Apunta mi teléfono: 684 56 56 56.

H Manuel López Paz, vuelo 8720, destino Lima, a las 12:30 h. Asiento 30.

I Se llaman Pedro y Juan, son chilenos y trabajan en un restaurante.

J Estoy contento cuando escucho tango.

Frases

0	Es de Bogotá.	A
1	Explica el motivo de su viaje.	
2	Presenta a dos personas.	
3	Es la información de un aeropuerto.	
4	Habla de un tipo de música.	
5	Las personas se despiden.	
6	Saluda por la mañana.	

TAREA 1
Completar un formulario

Quieres aprender español y decides ir a una escuela. Completa el formulario con tus datos.

DATOS PERSONALES	
Nombre:	Apellido(s):
Nacionalidad:	Idiomas:
Teléfono, con números y con letras:	Dirección de correo electrónico:
Ocupación: ☐ estudio ☐ trabajo ☐ otros: …………………………	
Nivel de español: ☐ A1 ☐ A2 ☐ B1 ☐ B2 ☐ C	
Horario de clases: ☐ por la mañana (9:00 a 13:00) ☐ por la tarde (16:00 a 20:00) ☐ por la noche (20:00 a 22:00)	
¿Por qué estudias español? (10 a 15 palabras)	

TAREA 1
Presentación personal

Eres nuevo en la empresa y tienes que preparar una presentación personal (1 o 2 minutos).
En tu presentación tienes que hablar sobre estos temas. No olvides saludar y despedirte.

A Nombre y apellidos

B País de origen y nacionalidad

C Lenguas que hablas

D Profesión o estudios

E Motivos para aprender español

En lengua española

Palabra por palabra

● El abecedario

1. Escribe las siglas (en mayúsculas) y relaciona cada una con la imagen adecuada, como en el ejemplo. Después, escucha y comprueba tus resultados.

> **C**
> Una sigla es una palabra formada por las iniciales de una expresión.

a. o, ene, ge ..... ONG

b. o, ene, u ....

c. e, ese, o ....

d. u, e ....

e. erre, te, uve, e ....

f. a, uve, e ....

g. de, ene, i ....

h. o, eme, ese ....

2. Ahora, por turnos, habla con tu compañero/a, como en el ejemplo, para completar la información.
La pareja que termina antes dice: *¡Ya!*

¡RÁPIDO! UN PAÍS DE HABLA HISPANA QUE...			
empieza y termina con **vocal**:		termina en **consonante**:	
empieza por .... **E**	termina con .... **O**	tiene la letra .... **B**	empieza por .... **C**
tiene la letra .... **G**	empieza por .... **P**	empieza por .... **V**	termina con .... **Y**

> Un país que empieza por...

● Preguntas útiles

3. ¿Recuerdas estas frases para la clase? Relaciona cada una con la imagen correspondiente.

a. ¿Cómo se dice?

b. ¿Cómo se deletrea?

c. ¿Cómo se escribe?

d. ¿Cómo se pronuncia?

e. No lo entiendo.

f. ¿Puedes repetir, por favor?

4. Ahora, completa estas preguntas. Después, practica con tu compañero/a.

a. ¿……………. ……………. ……………. *good afternoon* en español?

b. ¿……………. ……………. ……………. *perro*? ¿Con una erre o con erre doble?

c. ¿……………. ……………. ……………. *guitarra*? G-U-I-T-A-R-R-A.

d. No entiendes la palabra que dice la profesora. ¿…………………………………?

● Estados de ánimo

5. Descubre el estado de ánimo. ¿Con qué imagen lo relacionas? Compara con tu compañero/a. Atención al género y el número de las palabras.

a. ce, a, ene, ese, a, de, o, ese: …………………………

b. te, erre, i, ese, te, e: ………………………..

c. ene, e, erre, uve, i, o, ese, o: ……………………

d. ce, o, ene, te, e, ene, te, o, ese: ………………………

6. En parejas, relacionad cada adjetivo con la situación adecuada.

a. callado/a	1. Bebe mucho café.
b. motivado/a	2. No entiende nada.
c. estudioso/a	3. Tiene una actitud positiva.
d. nervioso/a	4. Estudia mucho.
e. confundido/a	5. No habla mucho.
f. contento/a	6. Mira el móvil todo el tiempo.
g. distraído/a	7. Canta mucho.
h. aburrido/a	8. No tiene interés.

7. Ahora escribe el adjetivo contrario. Compara tus resultados en clase.

a. Peter no está tranquilo, está ………………………. porque es nuevo en la clase.

b. Nina no está concentrada, siempre está mirando el móvil, está ……………………….

c. Los estudiantes no están tristes, están ………………………. porque practican mucho.

d. Hablamos mucho en clase, nunca estamos ……………………….

8. ¿Y tú, cómo estás en estas situaciones? Escríbelo. Después, habla con tus compañeros/as.

a. ………………………………….

b. ………………………………….

c. ………………………………….

1. Observa la imagen. ¿Qué objetos conoces? Escribe el nombre de seis. Después, completa con dos objetos de tu compañero/a.

a. .... e. ....
b. .... f. ....
c. .... g. ....
d. .... h. ....

2. Asocia las palabras de las dos columnas, ¿qué relación tienen? Habla con tu compañero/a, como en el ejemplo.

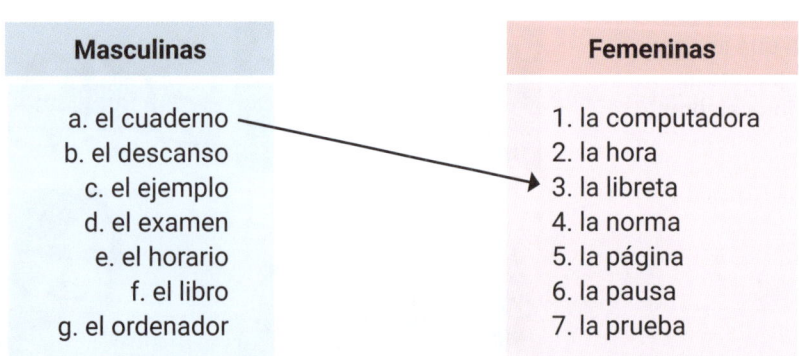

Masculinas	Femeninas
a. el cuaderno	1. la computadora
b. el descanso	2. la hora
c. el ejemplo	3. la libreta
d. el examen	4. la norma
e. el horario	5. la página
f. el libro	6. la pausa
g. el ordenador	7. la prueba

El cuaderno y la libreta sirven para tomar notas.

3. Elige *el* o *la*. Si tienes dudas, completa con las letras que faltan. Así es más fácil saber qué género tienen.

a. el/la biblio _ _ _ _   b. el/la bolí _ _ _ _ _   c. el/la foto _ _ _ _ _ _   d. el/la profe _ _ _   e. el/la rotu _ _ _ _ _

4. Clasifica estas palabras (puedes buscar en el diccionario). Después, escríbelas en plural. Compara con dos compañeros/as. ¿Coincidís?

ordenador ● mesa ● reloj ● móvil ● horario ● biblioteca ● luz ● estudiante ● país ● fiesta ● persona ● vídeo
lengua ● idioma ● lápiz ● papelera ● silla ● clase ● pizarra ● bolígrafo ● diccionario ● libro

masculino		femenino	
el / un	los / unos	la / una	las / unas

5. Ahora, utiliza algunas de las palabras anteriores para completar estas frases.
   Escribe también los artículos (*un, una, unos, unas/el, la, los, las*) si es necesario.

a. En clase hay .... digital.
b. No entiendo esta palabra, ¿tienes .... de español?
c. En .... hay .... para estudiantes de nivel A1.
d. En la clase hay .... y .... para todos los estudiantes.
e. En muchos países hispanos, ... oficial es el español.
f. Usamos .... para enviar mensajes.
g. ¡No funciona mi .... portátil! No hay conexión.
h. ¿ .... empieza a las 9:00? No tengo ....

6. Escribe estas palabras con su artículo (*un, una, unos, unas*) en el lugar adecuado. Después, completa el singular o plural. Comenta en clase los resultados. ¿Qué características tienen?

app ● clip ● voz ● luz

SINGULAR			
¿un o una?			

PLURAL			
¿unos o unas?			

7. Observa esta imagen. En parejas, escribid preguntas con *hay* y *está*. Buscad a otra pareja para intercambiar las preguntas y contestar las de los otros.

HAY
a. ……………………………………………………
b. ……………………………………………………
c. ……………………………………………………

ESTÁ
d. ……………………………………………………
e. ……………………………………………………
f. ……………………………………………………

8. Ahora, escribid cuatro diferencias entre la clase de la foto y la clase donde estudiáis vosotros.

a. …………………………………………………………………………………………
b. …………………………………………………………………………………………
c. …………………………………………………………………………………………
d. …………………………………………………………………………………………

9. Escucha y marca si estas frases son interrogativas o exclamativas. Después, escribe los signos de interrogación (¿?) y de exclamación (¡!) adecuados. Compara con tu compañero/a.

	INTERROGATIVAS	EXCLAMATIVAS
a. Hoy hay examen.		
b. Qué mal, otra vez sin wifi en la biblioteca.		
c. Es pronto o la escuela está cerrada.		
d. Hay un profesor nuevo de conversación.		
e. Oh, el laboratorio de idiomas está cerrado.		
f. Hoy es fiesta. No hay clase.		

Cómo aprendo y cómo me siento

1. En parejas, escribid 8 frases utilizando palabras de cada columna, como en el ejemplo.
   Hay diferentes posibilidades.

ser	en clase.
escuchar	un diálogo.
buscar	un vídeo.
hablar	una canción.
estar	la pizarra.
mirar	contenta.
utilizar	cansados.
ver	el móvil.
preguntar	una palabra.
leer	un diccionario.
escribir	en español.
	en casa.
	simpática.

a. Yo ..... *soy simpática.* .....
b. Tú .....
c. La profesora .....
d. Un compañero .....
e. Nosotros .....
f. Vosotras .....
g. Las estudiantes .....
h. Mis amigos .....

2. Clasifica, ahora, las acciones anteriores en esta tabla. Comparte tus resultados con dos compañeros/as. ¿Coincidís?

muy fácil	fácil	ni fácil ni difícil	difícil	muy difícil

3. Completa los diálogos con el verbo adecuado en la persona correcta. Después, comprueba con tu compañero/a.

ser (2) ● trabajar (3) ● ver (3) ● escuchar (2) ● escribir ● ayudar ● estudiar (2) ● preguntar
acabar ● comprender ● estar (2) ● buscar ● hablar (2)

a. −Richie, ¿tú qué lenguas .....?
   −Pues ..... italiano y francés.
   −¿No ..... alemán?
   −No, ... español, porque es importante para trabajar.
b. −Luis, ¿dónde ..... Sara y tú?
   −Yo ..... en un hospital, porque ..... enfermero, y ella ..... profesora en un instituto.
c. −¿Andrés y tú ..... programas de televisión?
   −Yo no. Yo ..... series.
   −Pues yo ..... pódcast.
   −Yo también y ..... series con subtítulos.
d. −¿Cuándo ..... la clase? ..... cansada.
   −Nosotros también ..... cansados.
e. −¿Me ..... con este ejercicio?
   −Lo siento, yo tampoco lo ..... ¿(nosotros) ..... a la profesora?
f. −Chicos, ¿..... juntos?
   −Vale. Yo ..... las palabras en el diccionario, Marta y Luis ..... el audio, y tú ..... en la libreta.

4. Lee y completa estos consejos de un experto en este blog de lenguas. Luego, comprueba tus respuestas en clase.

Aprender lenguas

En la vida nada es fácil, pero tampoco difícil, igual que empezar a aprender un idioma, como el español. Aquí tienes unos consejos que te pueden ayudar.

Consejo número uno. Si .... (observar, tú) al profesor/-a cuando .... (hablar, él/ella) y cómo .... (pronunciar, él/ella) las palabras, si .... (escuchar, tú) cuando .... (explicar, él/ella) en clase, si .... (buscar, tú) en el diccionario las palabras que no sabes, si .... (trabajar, tú) todos los días en clase y en casa, si .... (tomar, tú) notas de las cosas importantes, si .... (relacionar, tú) conceptos, si .... (usar, tú) el español desde el primer día y .... (practicar, tú) con tus compañeros y compañeras, cada día te vas a sentir mejor.

Consejo número dos. Si .... (aprender, tú) lo básico primero: .... (leer, tú) textos fáciles, como historias de nivel A, y .... (ver, tú) películas o series con subtítulos, vas a aprender vocabulario fácilmente. Si .... (hacer, tú) los ejercicios, y los .... (comprender, tú) y .... (ser, tú) constante, aprender español va a ser más fácil.

Consejo número tres. Si .... (compartir, tú) tus dudas con los profesores o compañeros, si cada día .... (escribir, tú) en español (un diario, mensajes en tus redes sociales, etc.), vas a ver tus progresos y vas a estar contento/a con la decisión de aprender esta lengua.

5. Pregunta en clase, como en el ejemplo, para completar la información de A con el nombre de tu compañero/a. Después, completa la información de B con otro/a compañero/a. Comparte tus resultados en clase.

A

Para aprender español...

a. Habla con nativos: ....
b. Escribe las palabras en su cuaderno: ....
c. Busca palabras en el móvil: ....
d. Busca palabras en un diccionario: ....
e. Usa *apps* y vídeos de YouTube: ....
f. Escucha pódcast en español: ....
g. Ve series en español con subtítulos: ....

B

En clase... porque...

a. .... está cansado/a porque ....
b. .... está motivado/a porque ....
c. .... está nervioso/a porque ....
d. .... está tranquilo/a porque ....
e. .... está contento/a porque ....

¿Hablas con nativos?

COMPRENSIÓN AUDITIVA

TAREA 2
Escuchar mensajes breves y relacionar con imágenes

Vas a escuchar 5 mensajes. Tienes que relacionar cada imagen (A-I) con el mensaje correspondiente (1 a 5). Hay 9 imágenes, incluido el ejemplo. Tienes que seleccionar 5. Cada mensaje se repite dos veces.

🎧 3

Ejemplo:
Mensaje 0. Estudiar y conocer la gramática es importante para comunicarse bien. La opción correcta es la I.

	MENSAJES	IMÁGENES
0	Mensaje 0	I
1	Mensaje 1	
2	Mensaje 2	
3	Mensaje 3	
4	Mensaje 4	
5	Mensaje 5	

 **EXPRESIÓN E INTERACCIÓN ESCRITAS**

TAREA 2

Hablar de tu clase y presentar a dos compañeros/as

Estudias español en una escuela en Málaga. Escribe un correo a un/-a amigo/a. En el correo tienes que hablar de:

- Qué hay en tu clase y cómo es.
- Qué actividades haces y con quién.
- Cómo te sientes en clase.
- Dos compañeros/as: nombre, nacionalidad, etcétera.

Número de palabras recomendadas: entre 30 y 40.

 **EXPRESIÓN E INTERACCIÓN ORALES**

TAREA 2

Exposición de un tema

Tienes que seleccionar 3 de estas 5 opciones y hablar durante 2-3 minutos sobre ellas.

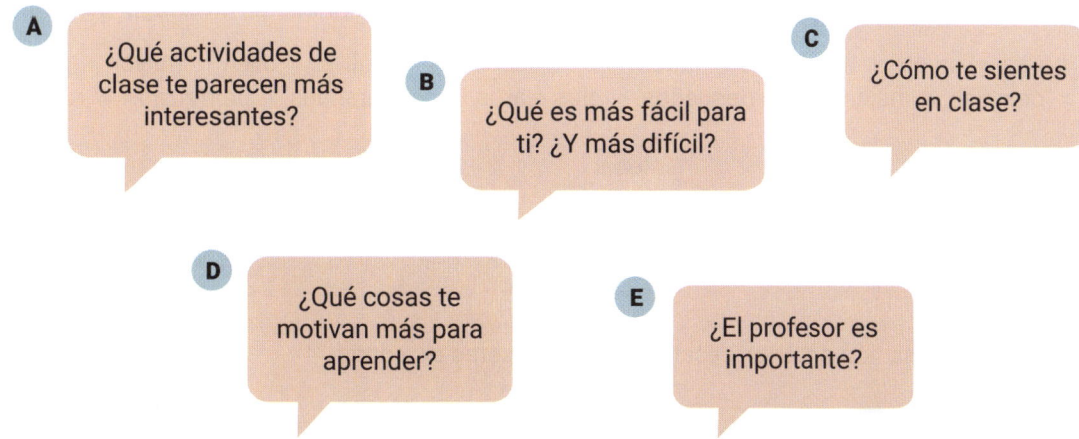

A ¿Qué actividades de clase te parecen más interesantes?

B ¿Qué es más fácil para ti? ¿Y más difícil?

C ¿Cómo te sientes en clase?

D ¿Qué cosas te motivan más para aprender?

E ¿El profesor es importante?

3 Mi familia es mi hogar

Palabra por palabra

1. Escribe el masculino o el femenino de estas palabras relacionadas con la familia.

a. la abuela ≠ ....
b. el marido ≠ ....
c. el hermano ≠ *la hermana*
d. la hija ≠ ....
e. el novio ≠ ....

f. el nieto ≠ ....
g. el padre ≠ ....
h. la sobrina ≠ ....
i. el tío ≠ ....

2. En parejas, responded estas preguntas sobre los miembros de una familia, como en el ejemplo. Comentad los resultados en clase.

a. ¿Quiénes son padres y madres? *Los abuelos y los hijos con hijos.*
b. ¿Qué personas tienen más edad? ....
c. ¿Quiénes son los hijos de los mismos padres o del mismo padre o la misma madre? ....
d. ¿Quiénes son los más jóvenes? ....
e. ¿Quiénes son los hijos o las hijas de tus hermanos o hermanas? ....
f. ¿Quiénes son los hermanos o las hermanas de los padres? ....

3. Lee y relaciona quiénes son estos hijos en la familia. Comprueba con tu compañero/a.

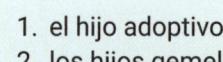

a. el hijo que tiene más años
b. el hijo que no tiene hermanos
c. los hijos físicamente iguales que nacen el mismo día
d. el hijo que vive con unos padres que no son sus padres biológicos
e. el hijo de un padre, de una madre o de los dos
f. el hermano que tiene menos años

1. el hijo adoptivo
2. los hijos gemelos
3. el hijo biológico
4. el hijo mayor
5. el hijo único
6. el hermano pequeño

4. Cuando conoces a una persona, primero observas su físico. Clasifica las siguientes palabras en el lugar adecuado.

pelo largo • barba • bigote • pelo corto • gafas • ojos oscuros • hombre • joven • mayor • pelirrojo moreno • pelo liso • mujer • ojos pequeños • ojos claros • ojos grandes • pelo rizado • rubio

ser	tener	llevar

5. Ahora, en parejas y con la información anterior, describid a tres de estas personas.

6. **¿Recuerdas los adjetivos de carácter? Lee las descripciones y escribe cómo es esa persona.**
   Después, describe tú otro tipo de carácter. Tu compañero/a adivina qué carácter es.

   a. Estudia y trabaja, va al gimnasio, prepara la comida, va al supermercado: ....

   b. No habla mucho, no mira a los ojos, no tiene muchos amigos: ....

   c. No quiere estudiar, no colabora en casa y está en la cama mucho tiempo: ....

   d. ....

7. **En parejas, elegid uno de estos personajes famosos y describid cómo es su carácter,**
   como en el ejemplo. Leed vuestra descripción en clase.

> Harry Potter es muy... porque...

Harry Potter

Isabel II

Bart Simpson

Celia Cruz

Superman

Los Beatles

8. **Escucha estos minidiálogos y marca los números que oyes. Después, completa con el número correcto. Escucha de nuevo y comprueba.**

   a. –Tengo .... primos.
      –¡...................! Yo solo tengo ....
   b. –Vivo en el número .... de la calle Mayor.
      –Yo también vivo en la calle Mayor, pero en el número ....
   c. –Mi hermana Isabel tiene .... euros.
      –¡.......... euros! Yo tengo .... euros solamente.
   d. –Mi abuela tiene .... años.
      –Pues mi abuela es muy joven, tiene ....
   e. –Viajo a Italia en ....
      –¡Pues yo viajo en ....

2030 100 40 2 525 73 2029 96 102 42

9. **En parejas, seleccionad dos imágenes y describidlas: quiénes son, dónde están y qué hacen.**
   Compartid vuestras frases con otra pareja.

a.

b.

c.

d.

La familia es lo primero

1. En parejas, leed los textos para completar la tabla con la información que Joaquín nos da sobre las tres generaciones de su familia.

Nombre, edad y relación familiar

Ana tiene 10 años menos que Ángel, su marido.
Javier es el más pequeño de la familia.
Isabel, mi madre, es la mayor de la familia, tiene 61 años.
José, mi padre, tiene un año menos que mi madre.
Mis sobrinos tienen 7 y 4 años. Sixto es el mayor.
Yo tengo ocho años menos que mi hermana.

Características físicas

Ángel y yo somos calvos.
Javier tiene el pelo moreno y liso.
José tiene el pelo blanco.
Mi hermana es pelirroja y tiene el pelo largo y rizado.
Mi madre tiene el pelo como mi sobrino pequeño.
Sixto es pelirrojo, como su madre.

Otras características

Ana tiene cuatro *piercings*.
Ángel y sus dos hijos llevan gafas.
Mi padre y yo tenemos bigote y barba de color rubio.

	NOMBRE	EDAD	RELACIÓN FAMILIAR	CARACTERÍSTICAS FÍSICAS	OTRAS CARACTERÍSTICAS
a.	José		padre de..., marido de... y abuelo de...	pelo blanco	
b.	Isabel	61			--------
c.	Ana		hija mayor de Isabel y José, mujer de Ángel y madre de...		4 *piercings*
d.	Joaquín				
e.	Ángel	47			gafas
f.	Sixto				
g.	Javier	4		pelo moreno y liso	

2. ¿Quién es quién en la familia de Joaquín? Completa los diálogos con los posesivos correspondientes.

a. −Oye, Joaquín, ¿José e Isabel son .... padres?
−Sí, son .... padres.

b. −¿Quién es .... hermana?
−Ana es .... hermana y Ángel es .... marido.

c. −¿Quiénes son .... sobrinos?
−Sixto y Javier son .... sobrinos. Ángel y Ana son .... padres. .... sobrinos son pequeños y viven con .... padres.

d. −Joaquín, ... familia (de vosotros) es pequeña, ¿verdad?
−Sí, ... familia (de nosotros) no es muy grande.

3. En parejas, calculad el año de nacimiento de las personas de la familia de Joaquín y ordenadlas por su edad, como en el ejemplo.

a. Isabel, que tiene 61 años, es de 19__.

b. ....

c. ....

d. ....

e. ....

f. ....

g. ....

4. Lee estas descripciones y asocia cada una a la imagen correcta. ¿Cómo crees que es su carácter? Escribe un adjetivo debajo de cada uno. Comparte tus resultados en clase.

a. Es muy joven, tiene el pelo rizado y los ojos oscuros.
b. Tiene los ojos claros, el pelo largo y liso, dice *miau*.
c. Tiene los ojos grandes y oscuros, lleva gafas, bigote y barba.
d. Es joven, tiene los ojos oscuros, el pelo largo y liso, es rubia.

5. Ahora, elige a dos de estas personas y describe cómo son físicamente y de carácter, como en el ejercicio anterior. Compara con tu compañero/a.

6. En parejas, escribid el nombre de estas profesiones debajo de cada foto. ¿Cómo tiene que ser su carácter? Comentadlo en clase.

a. ....

b. ....

c. ....

d. ....

7. En un papel, escribe una descripción detallada de ti mismo/a. Tu profesor/-a recoge todos los textos y los lee. ¿De qué compañero/a está hablando?

No hay dos casas iguales

1. Lee el diálogo y toma nota de las diferencias entre la casa de antes de Antonio y su casa de ahora. Compara con tu compañero/a.

–¡Hombre, Antonio! ¿Qué tal?

–¡Hola, Irene! ¡Qué sorpresa!

–Oye… ¿ya no vives aquí?

–En la ciudad sí, pero en otra zona. ¿Recuerdas mi casa?

–¡Claro! Un piso pequeño y muy agradable. Sin ascensor y con una habitación… Perfecto para ti y para Pirata, tu gato. Y entonces… ¿dónde vives ahora?

–En la zona norte, en un edificio con gente más joven y familias con niños pequeños.

–¿Y estás contento?

–Sí, bastante contento. La casa está más lejos de mi trabajo, pero es muy grande y luminosa. Tiene ascensor, garaje, dos habitaciones y dos baños… y Pirata y mis plantas están felices en su casa nueva. Si quieres, puedes venir con los niños a ver la casa… y a Pirata, claro.

–Genial, porque ellos siempre me preguntan por tu gato.

2. Observa dónde está cada mueble y objeto de esta habitación y marca verdadero o falso.

	V	F
a. La ventana está a la izquierda.		
b. Hay tres plantas.		
c. La cama está a la derecha de la mesita de noche.		
d. Hay una lámpara encima de la mesita de noche.		
e. Delante de la cama hay una planta.		
f. En este dormitorio no hay cuadros.		

3. Mira la imagen y con tu compañero/a contesta las preguntas.

a. ¿Hay sillas? ¿Cuántas y dónde están?

b. ¿Hay ventanas?

c. ¿Cuántas plantas hay y dónde están?

d. ¿Dónde está la mesa?

e. ¿Cuántas lámparas hay y dónde están?

f. ¿Hay cuadros? ¿Cuántos?

g. ¿Qué te parece el salón?

4. En parejas, escoged una de estas casas y escribid un texto para una web donde venden viviendas. Necesitáis utilizar los verbos *ser, tener, estar, hay,* y los artículos necesarios. Tenéis que pensar en un precio. Compartid vuestro texto en clase.

Piso en el centro

- 3 habitaciones
- Cocina
- 1 baño
- Salón comedor
- 70 m^2
- Mucha luz
- Con muebles

Casa con jardín

- 4 habitaciones y 2 baños
- Salón comedor
- Garaje
- 150 m^2
- Mucha luz. Tranquilo

5. Sin pensar en el precio, recuerda tu época de estudiante. ¿Qué opción de alojamiento es tu preferida?

   a. Un estudio solo para ti.
   b. Una habitación en una residencia de estudiantes.
   c. Una habitación en un piso compartido con estudiantes internacionales.
   d. Una habitación en casa de una familia.

6. Ahora, según tu elección anterior, decide si estas razones son positivas (P) o menos positivas (MP). Toma nota de lo que opina tu compañero/a para compartirlo en clase, como en el ejemplo.

> Yo pienso que… y mi compañero/a piensa que…, pero los dos pensamos que…

RAZONES POSITIVAS Y RAZONES MENOS POSITIVAS

	yo	mi compañero/a
a. Vivir solo es aburrido/tranquilo.	....	....
b. Si vives solo, eres más independiente.	....	....
c. Si estás solo, puedes vivir con tu mascota.	....	....
d. En una residencia conoces a más personas.	....	....
e. Compartir habitación o piso es difícil/divertido.	....	....
f. Cuando vives solo, no puedes conversar en casa.	....	....
g. En una habitación o en un piso compartido tienes normas y obligaciones.	....	....
h. Vivir en una residencia o con una familia es cómodo, porque no necesitas cocinar.	....	....
i. Si vives con una familia, aprendes el idioma más rápido.	....	....
j. En un piso de estudiantes, los compañeros hacen fiestas y eso no es bueno para estudiar.	....	....

COMPRENSIÓN DE LECTURA

TAREA 1
Leer un correo electrónico y contestar las preguntas

Vas a leer un correo electrónico de un estudiante que escribe a su hermana. Después, lee las preguntas (1 a 5) y selecciona la opción correcta (a, b o c).

De: roseisarose@gmail.com

Asunto: Ya estoy en España

Hola, Rose:

¡Estoy contento en España! Mis compañeros de clase son muy simpáticos, no sabemos mucho español, pero la profesora explica bien y ya hablamos algo. Algunos días soy pesimista, porque no puedo decir muchas cosas.

Vivo con dos chicas, una inglesa y una francesa. Hablamos en inglés, en español, con las manos, ja, ja, ja. A veces tenemos problemas, porque la casa es pequeña y solo hay un baño, así que tenemos que organizarnos bien. Mis dos compañeras son amigas y comparten habitación. Su habitación es grande y tiene terraza. La chica francesa es tranquila y cocina muy bien, la inglesa es un poco tímida, pero agradable, y tiene un gato que no es grande, pero es poco simpático.

Tengo una habitación para mí solo, con una cama, un armario y una mesa para estudiar. La cocina es muy pequeña, pero tiene una mesa con tres sillas. El salón también es pequeño y solo hay un sofá, por eso no comemos allí. Los fines de semana hacemos cenas internacionales y cocinamos platos típicos de nuestros países.

En diciembre voy a casa, ¿por qué no vienes antes? Podemos hacer muchas cosas juntos.

Un beso,

Karl

Enviar +   +

PREGUNTAS

1. Los compañeros de clase...
a. saben mucho y hablan poco.
b. saben poco y hablan poco.
c. no saben mucho y hablan mucho.

2. El piso de Karl es pequeño y...
a. se organizan bien.
b. no tienen problemas.
c. tiene un baño.

3. La chica inglesa...
a. no habla fácilmente con las personas.
b. tiene buena relación con los otros.
c. trabaja mucho y es simpática.

4. El gato es...
a. pequeño.
b. grande.
c. simpático.

5. ¿En qué piso vive Karl?

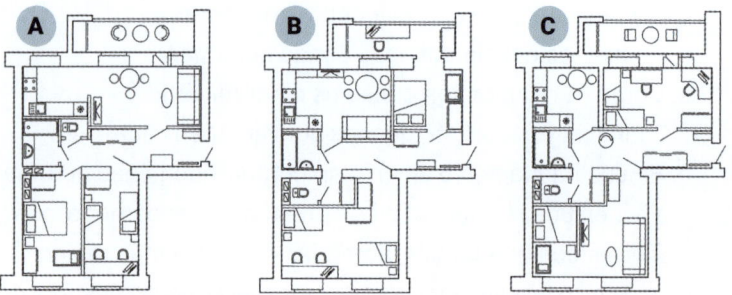

 **EXPRESIÓN E INTERACCIÓN ESCRITAS**

TAREA 2

Hablar de tu casa y de tu espacio favorito

Piensa en tu lugar favorito de la casa donde vives. Escribe un correo a tu compañero/a de la clase de español. En el correo tienes que:

- Saludar.
- Hablar del lugar favorito de tu casa.
- Describir cómo es ese lugar: qué muebles hay y dónde están.
- Indicar si hay algún objeto especial para ti.
- Despedirte.

Número de palabras recomendadas: entre 30 y 40.

 **EXPRESIÓN E INTERACCIÓN ORALES**

TAREA 2

Exposición de un tema

Tienes que seleccionar 3 de estas 5 opciones y hablar durante 2-3 minutos sobre ellas.

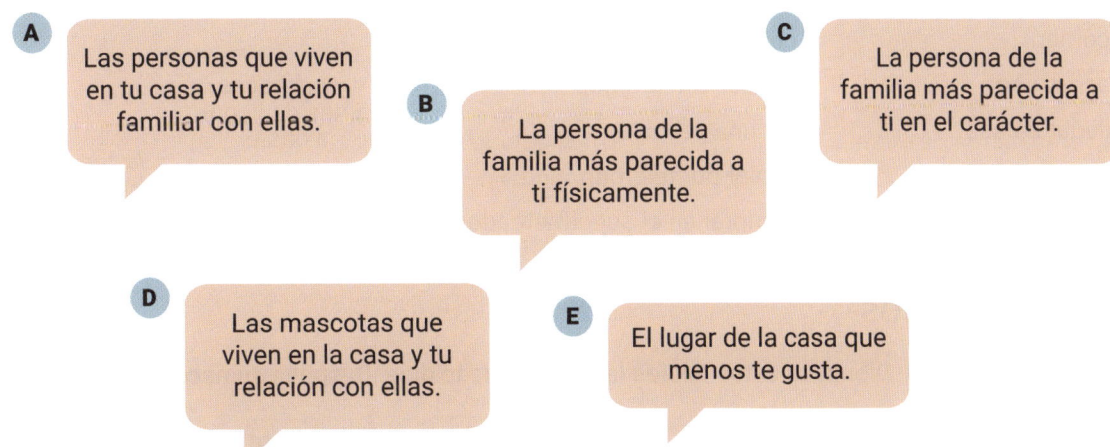

A Las personas que viven en tu casa y tu relación familiar con ellas.

B La persona de la familia más parecida a ti físicamente.

C La persona de la familia más parecida a ti en el carácter.

D Las mascotas que viven en la casa y tu relación con ellas.

E El lugar de la casa que menos te gusta.

De la mañana a la noche

● ## La rutina diaria

1. Observa las imágenes de la rutina de Luis y relaciona cada una con la acción adecuada. Después, con tu compañero/a, ordénalas para decir qué hace antes y después.

ceno con mi pareja ● desayuno en casa ● paseo con Momo ● me acuesto ● compro en el súper
tomo el autobús para ir a la oficina ● me levanto ● miro mis correos en el ordenador ● me visto ● me ducho
tengo reuniones con otros colegas ● corro con Momo por el parque

2. Pregunta a un/-a compañero/a qué hace antes y después de estas acciones, como en el ejemplo, y ordénalas.

☐ comer   ☐ cenar
☐ acostarse   ☐ quedar con amigos
☐ llegar a casa   ☐ ver una película
☐ llegar al trabajo   ☐ hablar por teléfono
☐ ducharse   ☐ comprar en el supermercado

¿Qué haces antes de llegar a casa?

Antes de llegar a casa quedo con amigos.

● ## La hora y los horarios

3. Tú eres A y tu compañero, B. Dibuja en estos relojes las horas que te dice. Después, tú haces lo mismo.

Estudiante A. Dices estas horas:	Estudiante B. Dices estas horas:
son las 9 y cuarto, es la una y 10, son las 12 menos 20	son las 4 en punto, son las 8 menos 25, son las 3 menos 20

● Los días de la semana y las partes del día

4. Tú eres A y tu compañero, B. Leed vuestras agendas y, como en el ejemplo, buscad un día y una hora para ir juntos a ver una exposición de fotografía. Primero, completad los nombres de los días de la semana con las vocales que faltan.

Agenda estudiante A

Día	Mañana (8:00-15:00)	Tarde (15:00-20:00)
l_n_s	Trabajar (8:00-15:00)	Estudiar (16:00-18:00)
m_rt_s	Teletrabajo (9:30-15:00)	Libre
m_ _ rc_l_s	Libre	Ir al gimnasio (18:00)
j_ _v_s	Trabajar (8:00-15:00)	Libre
v_ _rn_s	Libre	Cena con amigos (20:00)
s_b_d_	Libre	Ver una película en casa (17:00)
d_m_ng_	Desayunar con mi hermano (11:00)	Libre

Agenda estudiante B

Día	Mañana (8:00-15:00)	Tarde (15:00-20:00)
l_n_s	Trabajar (7:30-15:00)	Libre
m_rt_s	Libre	Ir al gimnasio (18:00)
m_ _ rc_l_s	Trabajar (9:00-13:00)	Libre
j_ _v_s	Libre	Clase de baile (19:00)
v_ _rn_s	Libre	Cine con amigos (19:30)
s_b_d_	Clase de español (10:00)	Libre
d_m_ng_	Libre	Visitar a la familia (16:00)

> ¿Qué haces el lunes por la mañana? Yo trabajo, ¿y tú?

> Yo también trabajo, pero el martes estoy libre.

5. Observa la imagen, ¿qué crees que hace esta persona los fines de semana? En parejas, escribid en 5 minutos 5 frases. Compartid los resultados en clase. Añadid dos acciones diferentes de otras parejas.

a. ....

b. ....

c. ....

d. ....

e. ....

f. ....

g. ....

Todo más tarde

1. Esta es la rutina de Patricia. En parejas, ordenad las imágenes, según vuestra opinión.

2. Ahora, leed el texto para comprobar vuestras respuestas anteriores.

> Patricia se levanta muy pronto, a las 6:30. Después de hacer ejercicio, se ducha, desayuna un café con leche y tostadas y mira sus redes sociales en el móvil. A las 7:30 sale de casa y camina media hora hasta la oficina. Trabaja cerca de su casa. A mediodía, normalmente, come con sus compañeros de trabajo, pero los miércoles teletrabaja, así que come en casa con Lou, su perro. A Patricia no le gusta dormir la siesta, prefiere pasear con Lou, por un parque que hay cerca de su casa. Por la tarde compra en el súper y después queda con alguna amiga. Por la noche, sobre las 21:00, después de cenar y antes de llamar a Peter, su pareja, lee un poco. Se acuesta a las 23:30.

3. ¿Qué diferencias hay entre la rutina de Patricia y tu rutina? Escribe seis, como en el ejemplo. Comenta tus resultados en clase.

   a. *Patricia se levanta a las 6:30 y yo me levanto a las...*

   b. ....

   c. ....

   d. ....

   e. ....

   f. ....

4. ¿Conoces a tu compañero/a? Pregúntale qué hace a estas horas y toma notas.

   a. A las 7:00: ....

   b. A las 8:30: ....

   c. A las 12:00: ....

   d. A las 18:15: ....

   e. A las 21:45: ....

   > ¿Qué haces a las siete de la mañana?

5. Completa los diálogos con *luego, antes, después* y con *antes de* o *después de* + infinitivo para indicar cuándo realizan estas acciones. Hay varias opciones.

   a. —Julio, ¿cuál es el plan para esta tarde? (ver a los abuelos, comprar en el supermercado)
      —Fácil, primero .... y ...., ...

   b. —Pablo, tú, ¿cuántas veces sales a pasear con el perro? (ir a trabajar, cenar)
      —Dos veces al día: .... y ....

   c. —Sofía, ¿cuándo vas a decirle a tu hermana que no comes con ella? (terminar un trabajo, estar ocupada)
      —Ay, no sé, ahora .... y ....

   d. —María, ¿tienes 5 minutos? Tengo una pregunta. (tener una videollamada, enviar varios correos)
      —Lo siento, ... ahora y .... ¿Hablamos ....?

6. ¿Qué hace Clara y cuándo? Relaciona las horas con las imágenes. Después, escribe un texto como el de Patricia. Utiliza *luego* y *antes/después (de)*. Añade tú dos acciones más.

| 3:30 | 8:15 | 14:00 | 7:30 | 20:15 | 16:30 |

Por la mañana, Clara se levanta a las ....

....

....

....

7. Observa los porcentajes (%) y completa este texto con los adverbios de frecuencia adecuados. Después, compara con tu compañero/a.

siempre	100 %
normalmente, casi siempre	80 %
a menudo	70 %
a veces	50 %
casi nunca	10 %
nunca	0 %

Excepto los fines de semana, Annika se levanta muy temprano, 80 % .... a las 7 de la mañana. Después, 100 % .... prepara el desayuno. 0 % .... toma té, por eso 80% .... bebe café, aunque 50 % .... come un yogur con cereales. Después de desayunar, 80 % .... se ducha, luego se viste y sale de casa. 50 % .... va en bicicleta a la universidad, pero 70 % .... toma un autobús, es más rápido. Los lunes y los jueves 80 % .... va al gimnasio por la tarde. Antes de volver a casa, 50 % .... da un paseo. No sabe cocinar, por eso 10% .... cocina en casa y 70 % .... compra algo preparado en el supermercado o 50 % .... toma algo con un amigo en un bar cerca de casa.

8. En parejas, elegid una profesión que os parece interesante e imaginad cómo es la vida de esa persona, según las siguientes preguntas. Tenéis que escribir dos actividades para cada pregunta. Después, compartidlo en clase. Ellos adivinan qué profesión es.

a. ¿Qué hace todos los días? ....

b. ¿Qué hace a menudo? ....

c. ¿Qué no hace nunca? ....

d. ¿Qué hace normalmente los fines de semana? ....

e. ¿Qué hace los lunes y los viernes por la mañana? ....

Dos vidas diferentes

1. Dejota es un DJ que tiene una vida totalmente diferente según el momento. Completa el texto con los verbos en la forma correcta. Después, contesta las preguntas.

Diego Jiménez, *Dejota* en el mundo de los DJ, ...
(ser) un joven de 21 años que .... (tener) pasión por la música electrónica y, desde los 18 años, pincha en una famosa discoteca de su pueblo, Llanes, en Asturias.

Diego .... (estudiar) un grado superior de Técnico de Sonido en un centro de Formación Profesional que ....
(estar) a 32 kilómetros de su pueblo. Durante el curso, Diego
.... (ir) a clase cuatro días a la semana, los viernes y los sábados .... (trabajar) por la noche, y los domingos
.... (descansar). Gracias a su afición, hace tres años que no .... (pedir) dinero a sus padres, él .... (pagar) sus estudios y .... (pensar) que la música ....
(poder) ser su profesión en el futuro. *Dejota* .... (saber) que ser DJ es una profesión muy exigente, porque durante el año
.... (tener) muy pocos fines de semana libres, y siempre trabaja durante las fiestas, especialmente en Nochevieja, la última noche del año. Pero esto no .... (ser) un problema para él, porque .... (gustar, a él) mucho lo que hace. No
.... (querer) otra cosa.

Su familia .... (pensar) que trabajar por la noche
.... (poder) ser negativo para su salud, porque ....
(acostarse) tarde y .... (dormir) poco, pero esa es su pasión.

a. ¿Cuántos años tiene?
b. ¿Estudia o trabaja?
c. ¿Qué días tiene clase?
d. ¿Cuándo trabaja?
e. ¿Qué hace con el dinero que gana?
f. ¿Qué piensa su familia de su trabajo?
g. ¿Y tú? ¿Qué piensas del trabajo de DJ?

2. Clasifica estos verbos irregulares en el lugar correspondiente. ¿Cómo es la primera persona del singular? Escríbelo, como en el ejemplo.

acostarse • dar • decir • despedirse • despertarse • dormir • empezar • entender • estar
hacer • ir • jugar • merendar • pensar • poder • poner • querer • recordar • repetir
salir • seguir • sentirse • ser • tener • venir • vestirse • volver

e>ie	e>i	o>ue	u>ue	terminación -go	irregularidad propia
	pedir (pido)				

3. En parejas. Vais a practicar el presente de los verbos irregulares. Hay que elegir una opción, A o B, tirar el dado y hacer preguntas a la otra pareja, como en el ejemplo. Gana la que contesta más preguntas correctamente.

Pareja A. *¿A qué hora os despertáis normalmente?*

1. ¿A qué hora (despertarse) normalmente?	2. ¿Cómo (decir) *por favor* en tu lengua?	3. ¿(Jugar) con videojuegos?	4. ¿(Dormir) la siesta? ¿Por qué?	5. ¿A qué hora (empezar) a trabajar?	6. ¿(Entender) a tu profesor/-a cuando habla?
7. ¿(Estar) contento/a con tu nivel de español?	8. ¿Qué (hacer) cuando te preguntan algo por la calle?	9. ¿(Ir) alguna vez a estudiar a la biblioteca?	10. ¿A quién (decir) *buenos días* por las mañanas, y a qué hora?	11. ¿(Merendar) o no (merendar)?	12. ¿Cómo (pedir) un café en España?

Pareja B. *¿Puedes deletrear rápido tu nombre?*

1. ¿(Poder) deletrear rápido tu nombre? ¿Y tu/s apellido/s?	2. ¿(Querer) aprender otro idioma, además del español?	3. ¿Qué (recordar) de tu primer día de clase de español?	4. ¿(Repetir) en voz alta las palabras nuevas, para aprenderlas mejor?	5. ¿(Ir) a fiestas los fines de semana?	6. ¿(Ver) series en español?
7. ¿Cómo (sentirse) en clase?	8. ¿(Ser) siempre puntual?	9. ¿(Tener) planes para este fin de semana?	10. ¿(Salir) a tomar algo después de clase?	11. ¿Cuándo (vestirse)?	12. ¿Cómo (volver) a casa?

4. Escucha la conversación de esta pareja sobre los problemas de un día normal, y completa las frases, como en el ejemplo. Hay varias opciones.

5

a. Marta llama a Jorge *a la oficina.*
b. Hoy, Marta no come ....
c. Marta tiene mucho trabajo y está ....
d. Hoy Marta no puede ....

e. Mariana termina sus clases a las ....
f. Mariana merienda ....
g. Valentina sale de la guardería a las ....
h. Jorge y Marta cenan ....

5. En parejas, buscad información sobre estas costumbres españolas. ¿Cómo son en vuestro país? Después, contestad las preguntas sobre vuestras costumbres.

En España y en tu país:
a. ¿Qué significa *levantarse pronto* y *acostarse tarde*?
b. ¿Qué significa la palabra *mediodía*? ¿Y *tomar algo*?
c. ¿Qué comida es la más importante?
d. ¿Qué hora es la hora del café?

Para ti:
e. ¿Qué significa *desayunar algo ligero*?
f. ¿Cuánto tiempo necesitas para desayunar?
g. ¿Qué haces mientras comes?

COMPRENSIÓN DE LECTURA

TAREA 1
Leer un correo y contestar las preguntas

Vas a leer un correo de una agencia de viajes a sus clientes. Después, lee las preguntas (1 a 5) y selecciona la opción correcta (a, b o c).

Asunto: Programa viaje a Barcelona

Estimados/as clientes:

Adjunto el programa de nuestro viaje a Barcelona.
Jueves, salida a las 7:30 desde la estación de tren Mariana Pineda y llegada al hotel a las 10:30.
A las 11:30, paseo por Las Ramblas y, a las 14:00, comida en el Mercado de la Boquería.
Después, a las 16:00, descanso en el hotel y a las 18:00, paseo por el Barrio Gótico con visita a la Catedral. Por la noche, a las 21:30, visita al barrio del Born y cena. A las 22:30 visita al Museo Picasso.
Viernes, desayuno y visita a la Sagrada Familia de 9:00 a 12:00 y tiempo libre. Por la tarde, de 16:00 a 18:00, paseo por el Parque Güell y tiempo libre. Sábado, después de desayunar, tiempo de relax en la playa de la Barceloneta. Por la tarde, visita al parque de atracciones del Tibidabo y regreso al hotel a las 20:15. Cena a las 21:00 y espectáculo de la Fuente Mágica de Montjuic. Finalmente, el domingo a las 10:00 paseo y visita a la Casa Batlló y La Pedrera. De 16:30 a 18:30, visita al Museo Nacional de Arte de Cataluña. A las 20:30 salida hacia la estación de tren. Llegada al destino a las 23:45.
¡Gracias y buen día!

Enviar

PREGUNTAS

1. Los turistas llegan a Barcelona...
a. por la mañana.
b. por la tarde.
c. a las 7:30.

2. No tienen planes por la noche...
a. el jueves.
b. el viernes.
c. el sábado.

3. Visitan el Museo Picasso...
a. por la mañana.
b. por la tarde.
c. por la noche.

4. El sábado van a un espectáculo...
a. antes de cenar.
b. después de cenar.
c. por la mañana.

5. Los turistas viajan en...

 **EXPRESIÓN E INTERACCIÓN ESCRITAS**

TAREA 2
Anotar cosas importantes

Hoy tienes trabajo por la tarde y no puedes hacer algunas cosas. Escribe un mensaje a tu pareja. En él tienes que:

- Explicar que no puedes ir a comprar al súper.
- Decir que tú vas a buscar a la niña.
- Confirmar que llevas a la niña a música.
- Decirle que no puedes preparar la cena.

Número de palabras recomendadas: entre 30 y 40.

 **EXPRESIÓN E INTERACCIÓN ORALES**

TAREA 2
Exposición de un tema

Tienes que seleccionar 3 de estas 5 opciones y hablar durante 2-3 minutos sobre ellas.

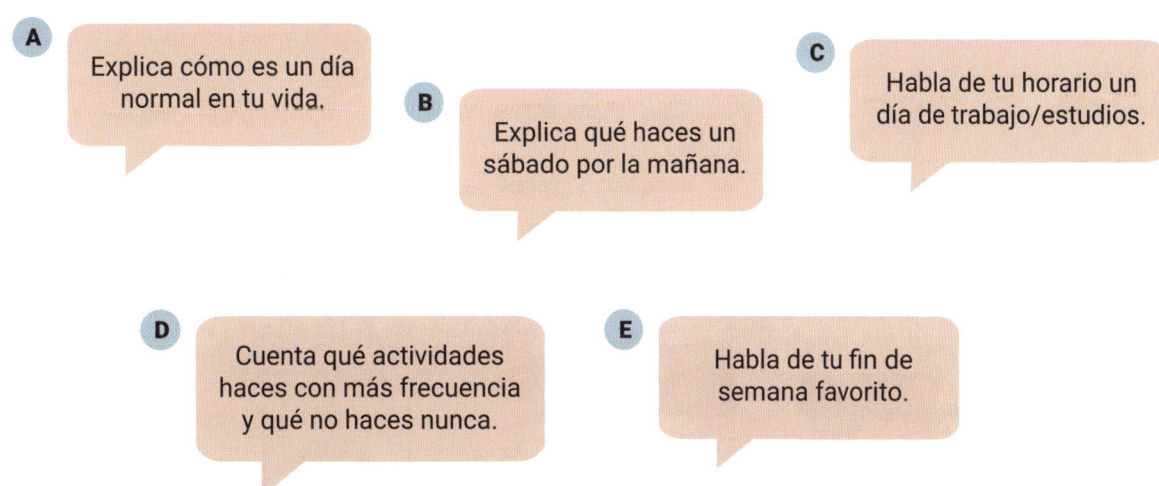

A. Explica cómo es un día normal en tu vida.

B. Explica qué haces un sábado por la mañana.

C. Habla de tu horario un día de trabajo/estudios.

D. Cuenta qué actividades haces con más frecuencia y qué no haces nunca.

E. Habla de tu fin de semana favorito.

Palabra por palabra

● Alimentos

1. En parejas, escribid el nombre de las frutas y verduras que aparecen en esta pirámide de alimentación.

frutas	verduras

2. Ahora, observad de nuevo la pirámide y completad los nombres de estos alimentos con las vocales que faltan.

s_l ● d_lc_s ● m_nt_qu_ll_ ● ch_c_l_t_ ● h_l_d_s ● b_b_d_s con _z_c_r

qu_s_ ● l_ch_ ● h__v_s ● ch_mp_ñ_n_s ● c_rn_ roja ● c_rn_ blanca ● p_sc_d_

frutas ● verduras

l_g_mbr_s ● c_r__l_s _nt_gr_l_s ● _rr_z ● fr_t_s s_c_s ● _c__t_ de _l_v_

3. ¿Qué alimentos de la pirámide no tomas nunca? Escribe sus nombres y compara con tu compañero/a.

....
....
....
....

4. ¿Qué tres consejos importantes para una vida saludable aparecen en la base de la pirámide?

1.
2.
3.

● Establecimientos de comida

5. ¿Recuerdas el nombre de estas tiendas? Escríbelo debajo de cada una. ¿En cuál no compras nunca? ¿Por qué? Coméntalo en clase.

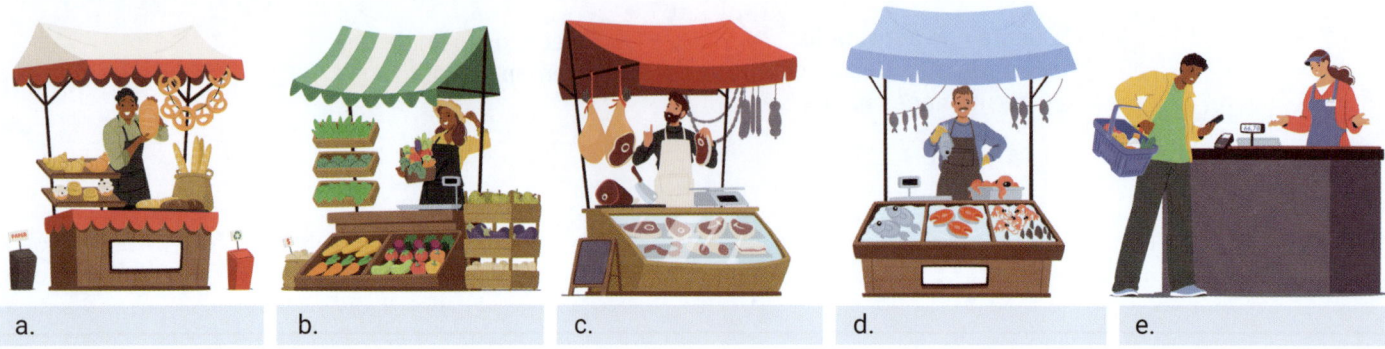

a.   b.   c.   d.   e.

Bebidas

6. Escribe los nombres de estas bebidas.
Después, pregunta a tu compañero/a cuándo y cómo las toma, como en el ejemplo.
Explicad vuestras diferencias.

¿Cuándo tomas café y cómo?

Tomo café para desayunar, con leche caliente y sin azúcar. ¿Y tú?

a. ....
b. ....
c. ....
d. ....
e. ....

Utensilios para comer

7. Escribe el nombre de estos utensilios. Después, en parejas, explicad para qué sirve cada uno, como en el ejemplo.

beber agua ● tomar sopa ● comer pasta ● beber café ● comer carne ● beber refrescos

El vaso sirve para beber agua.

a. ....
b. ....
c. ....
d. ....
e. ....
f. ....

8. Clasifica estas palabras en la categoría adecuada.
Compara con tu compañero/a.

taza ● café ● lechuga ● té ● yogur ● plato ● sardinas
pollo ● fresas ● tenedor ● berenjena ● agua ● cuchara
zumo ● pera ● vaso ● cuchillo ● uvas ● servilleta
botella ● huevos ● tomate

comida	bebida	utensilios

9. ¿Qué utensilios necesitan estas amigas para comer?
Comentadlo en parejas.

Yo, de primero, quiero sopa y, de segundo, pollo con patatas. Para beber, agua. De postre, yogur.

Yo también quiero el pollo con patatas y agua para beber. Y un café con leche y azúcar.

Yo quiero el pescado con ensalada y, de postre, una naranja.

La nueva cocina peruana

1. **Lee el siguiente texto sobre la gastronomía peruana y explica a tu compañero/a qué entiendes.**
¿Qué récord de la cocina peruana os parece más sorprendente y por qué? Comentadlo en clase.

La cocina peruana es conocida internacionalmente. Sus exquisitos platos son un buen ejemplo de la unión entre la gastronomía del antiguo Perú y las gastronomías europea y asiática.

Esta gastronomía es Patrimonio Cultural de las Américas para el Mundo y, desde 2023, el ceviche (o cebiche) está considerado por la Unesco como la expresión de la cocina tradicional peruana y patrimonio cultural inmaterial de la humanidad.

Además, esta cocina cuenta con una serie de récords:
- Es una de las gastronomías del mundo con más platos típicos (casi 500).
- Tiene más de 2500 tipos de sopas y más de 250 postres tradicionales.
- Posee la mayor variedad de papas o patatas del mundo (más de 5000 tipos).
- Los restaurantes peruanos dominan el *ranking* de los mejores restaurantes de Latinoamérica.
- Lima, la capital, está considerada como la capital gastronómica de América Latina y allí se celebra el festival de comida más importante de Latinoamérica: el festival Mistura.

En definitiva, una cocina que habla de historia, diversidad, creatividad y pasión en cada plato.

2. **El ceviche es un plato representativo de Perú. Observa las imágenes, ¿puedes escribir el nombre de sus ingredientes?**

a. .... b. .... c. .... d. .... e. ....

3. **¿Sabes qué les gusta (o no) a los personajes de estos sellos? Relaciona cada uno con el alimento adecuado. Después, habla con tu compañero/a, como en el ejemplo.**

a. Obélix   b. Garfield   c. Bugs Bunny   d. Popeye   e. Mafalda   f. Homer

¿Qué le gusta a Obélix?   A Obélix le gusta el jabalí.

4. Observa los emoticonos y completa con *(no) gusta/gustan* y los pronombres necesarios.

  a. —A Carlos 😄 .... la comida mexicana, especialmente los tacos. ¿A ti, Ignacio, ... los tacos?
     —A mí 😋 .... el guacamole, pero los tacos 😟 ....

  b. —A los niños normalmente 😟 .... comer verdura ni pescado. Prefieren la pasta. A mis hijos
     😟 .... la verdura, pero la pasta y el pescado 😄 .... mucho.
     —Pues a mí el pescado también 😄 .... mucho. Pero no como carne, 😟 ....

  c. —A nosotros 😄 .... la tortilla de patata, pero sin cebolla. Si tiene cebolla, 😟 ....
     —Pues a mí, al contrario, si tiene cebolla, 😄 .... mucho.

5. Clasifica estos platos y alimentos según tus gustos. Después, pregunta a tu compañero/a. Finalmente, compartid vuestras coincidencias en clase, como en el ejemplo.

> ¿Te gustan las empanadas?
>
> Sí, me gustan mucho.
>
> A los dos nos gustan mucho las empanadas, pero no nos gusta nada el/la...

empanadas ● pollo ● cerdo ● guacamole ● crepes
rollitos de primavera ● tortilla de patatas ● tomate ● cebolla
lechuga ● mejillones ● judías verdes ● guisantes
chorizo ● *sushi* ● paella ● garbanzos ● pera
sardinas ● tacos ● sopa ● lentejas

Me gusta/n mucho	Me gusta/n bastante	Me gusta/n un poco	No me gusta/n nada

6. Ahora, lee y ordena estas frases.

  a. A / el / mucho / chocolate / gusta / le / Carmen ....
  b. ellos / no / sardinas / gustan / les / las / A / nada ....
  c. le / Pedro / bastante / A / el / gusta / jamón ....
  d. A / gusta / mi / marido / arroz / y / a / mí / nos / el ....
  e. A / los / les / gusta / la / de / españoles / patata / tortilla ....

7. Observa y expresa tus gustos. Tu compañero/a reacciona, como en el ejemplo. ¿Coincidís en algo?

> No me gusta nada la leche.
>
> A mí tampoco.

a. b. c. d. sin azúcar e. con gas f. g. h. i. j.

En el restaurante

1. Clara llama a una pizzería para reservar una mesa. Escucha la conversación. Después, en parejas, contestad las preguntas.

a. ¿Cómo se llama la pizzería? ....

b. ¿Cuántas personas van a cenar? ....

c. ¿Qué día y a qué hora quieren cenar? ....

d. ¿Prefieren cenar dentro o fuera? ....

e. ¿Qué datos personales piden a Clara?

....

f. ¿Qué tono tiene la conversación: formal (usted) o informal (tú)?

....

2. Ahora, responde este test sobre tus gustos y preferencias cuando comes fuera de casa. Después, resume tus resultados a dos compañeros/as. ¿Coincidís?

Cuando comes fuera, ¿qué prefieres?

1. Escribe el nombre de uno de tus restaurantes preferidos: ....

2. ¿Qué tipo de comida sirven allí?
   a. Italiana   b. Mexicana   c. Española   d. Otro: ....

3. ¿Por qué te gusta especialmente ese restaurante?
   a. Por la calidad de la comida   b. Por el ambiente   c. Por el precio   d. Otro: ....

4. Del 1 al 5, ¿qué valoración le pones a ese restaurante? ☆☆☆☆☆

5. Además de la comida, ¿qué es importante para ti en un restaurante?
   a. La atención del personal   b. La decoración   c. La rapidez del servicio   d. Otro: ....

6. Cuando vas a comer o cenar, ¿te gusta reservar antes?
   a. Sí, siempre   b. A veces   c. No, nunca

7. ¿Cómo haces la reserva normalmente?
   a. Por teléfono   b. Por la web   c. Por la *app* del restaurante   d. Otro: ....

8. ¿Miras la valoración de un restaurante antes de ir por primera vez?
   a. Sí, siempre   b. A veces   c. No, nunca

3. Lee estos diálogos, elige el verbo adecuado y conjúgalo para completar las frases.

a. –¿Qué (usted) *empezar/recomendar/querer* .... tomar? ¿Un café o un té?
   –El café no me gusta, *traer/recomendar/preferir*...................... un té.

b. –Y usted, ¿qué me *traer/recomendar/querer* .... tomar de postre?
   –La tarta de queso está muy rica.

c. –Para beber, *traer/recomendar/querer* .... un agua con gas, por favor.
   –Muy bien, ahora la (yo) *empezar/traer/preferir* ....

4. Observa y reacciona utilizando *yo sí/no, yo también/tampoco*, como en el ejemplo. Después, pregunta a tu compañero/a, como en el ejemplo, y toma nota de sus respuestas. ¿Coincidís?

	tú	tu compañero/a
a. Prefiero el café con azúcar. 😄	*yo también*	/ ....
b. Prefiero el té con limón. 🙄	....	/ ....
c. Quiero un café con leche. 😄	....	/ ....
d. Quiero chocolate con churros. 😄	....	/ ....
e. No quiero un vaso de leche. 🥺	....	/ ....
f. No quiero zumo de uva. 😄	....	/ ....

> Yo prefiero el café con azúcar, ¿y tú?

5. En parejas, pregunta a tu compañero/a por sus preferencias, como en el ejemplo. Después, explicad en clase vuestras coincidencias.

¿Qué prefieres...?	
té	café
comida española	comida mexicana
carne	pescado
yogur	tarta
agua con gas	agua sin gas
verdura	pasta
sopa de cebolla	sopa de pollo
comer en la terraza	comer dentro
tacos	guacamole

> ¿Qué prefieres, el té o el café?
>
> Yo prefiero el café.
>
> ¡Yo también!
>
> A los dos nos gusta el café, pero no nos gustan...

6. En parejas, escribid un diálogo en un restaurante. Tenéis que decidir el menú, y escribir las preguntas y respuestas apropiadas según las instrucciones, usando *querer, recomendar, preferir, traer, tener*. Representadlo en clase.

Menú

De primero _____ / _____
De segundo _____ / _____
De postre _____ / _____

Camarero
- Saludar
- Preguntar qué quieren comer y beber
- Contestar las preguntas
- Recomendar platos

Cliente
- Saludar
- Preguntar por el menú
- Pedir recomendación sobre dos platos
- Decir lo que quiere comer
- Pedir la cuenta

 **COMPRENSIÓN DE LECTURA**

TAREA 3
Leer anuncios y relacionar con textos

Vas a leer 10 anuncios con información sobre restaurantes. Tienes que relacionar cada anuncio (A-J) con el texto adecuado (1 a 6). Hay diez anuncios, incluido el ejemplo. Tienes que seleccionar seis.

Ejemplo:

Frase 0. *Nos gustan los restaurantes... solo con verduras.* La opción correcta es la letra **A**, porque es un restaurante vegetariano.

A	B	C	D	E
	 H&P	 POLLO, POLLO	 Al fresco	 La espicha
Nuestra especialidad son los platos elaborados únicamente con productos ecológicos del campo. Nos gusta experimentar con nuevas técnicas y hacer platos diferentes.	¿Conoces nuestras hamburguesas y perritos? Mira nuestra carta. En solo 5 minutos tienes tu comida lista para llevar. Rápido y fácil. ¡Ven y disfruta del sabor que te gusta!	¡El mejor pollo de España! Ven y prueba nuestro pollo con patatas o arroz con salsa, o nuestros deliciosos platos de carne. Comida rica, rápida y barata. ¡Te esperamos!	Un lugar diferente al aire libre donde puedes disfrutar con tus amigos y tu mascota de la mejor cocina mediterránea. Llama para reservar.	¿Te gusta la comida tradicional, con un sabor único y buen precio? Nuestra cocina asturiana es única. Prueba nuestros platos típicos: fabada, cachopo.

F	G	H	I	J
 El tiburón blanco	 Los románticos	 ¡Ándale!	 La tribu	 La más barata
Si prefieres el pescado, tenemos la mejor variedad de platos de pescado fresco con ensalada. Directos del mar Cantábrico a la mesa. Si te gustan las sardinas, son nuestra especialidad. Es necesario reservar.	Si buscas un espacio tranquilo y elegante donde relajarte con tu pareja, probar platos de otros países y escuchar música, este es tu lugar. Lunes cerrado. Reserva *online*.	Nuevo en la ciudad. ¿Te gusta la comida picante? Prueba nuestros platos: tacos, pozole, mole, enchiladas y nuestro famoso guacamole. Disfruta de un buen precio y ambiente único. Menú especial para niños.	Organizamos grandes fiestas y eventos. Un espacio solo para ti y tus invitados. Buena música, comida rica y buen precio. Ideal para celebrar con amigos y familia. Llama y hablamos.	¿No quieres gastar mucho? Esta es tu mejor opción. Tenemos menú todos los días. Mira nuestra *app* y pide tu menú con bebida. La mejor comida al mejor precio. Cerrado sábados y domingos.

	TEXTOS	
0	Nos gustan los restaurantes que ofrecen alimentos naturales solo con verduras.	A
1	No somos vegetarianos, pero no comemos carne. Preferimos los restaurantes con platos variados y de calidad.	
2	En primavera siempre nos gusta comer en el exterior con nuestro perro y y no esperar para sentarnos en una mesa.	
3	Mi familia y yo queremos celebrar el cumpleaños de mi hija pequeña probando platos originales de otros países. Nos gusta todo.	
4	El mes próximo es mi 50 cumpleaños y quiero hacer algo especial con mis amigos. Queremos bailar, comer y no gastar mucho dinero.	
5	Quiero celebrar nuestro aniversario en un lugar especial, con una carta de platos internacionales.	
6	Los fines de semana preferimos tomar algo relajados en casa y jugar a videojuegos. No nos gustan los restaurantes.	

TAREA 1

Completar una encuesta

El restaurante El rincón de Concha quiere conocer si sus clientes están satisfechos o no con el servicio que ofrecen. Tienes que completar esta encuesta con la información que te piden.

Edad	
Nacionalidad	
Preguntas	
¿Con qué frecuencia nos visita?	
¿Qué platos de nuestra carta le gustan más?	
¿Qué platos le gustan menos?	
¿Qué le parecen nuestros postres?	
¿Qué piensa de la relación calidad-precio?	
¿Recomienda usted nuestro restaurante a otras personas?	
Valoración	
Tiempo de espera: ★★★★★ Los camareros: ★★★★★ El ambiente: ★★★★★	
Sugerencias	
Muchas gracias por su tiempo	

TAREA 2

Exposición de un tema

Tienes que seleccionar 3 de estas 5 opciones y hablar durante 2-3 minutos sobre ellas.

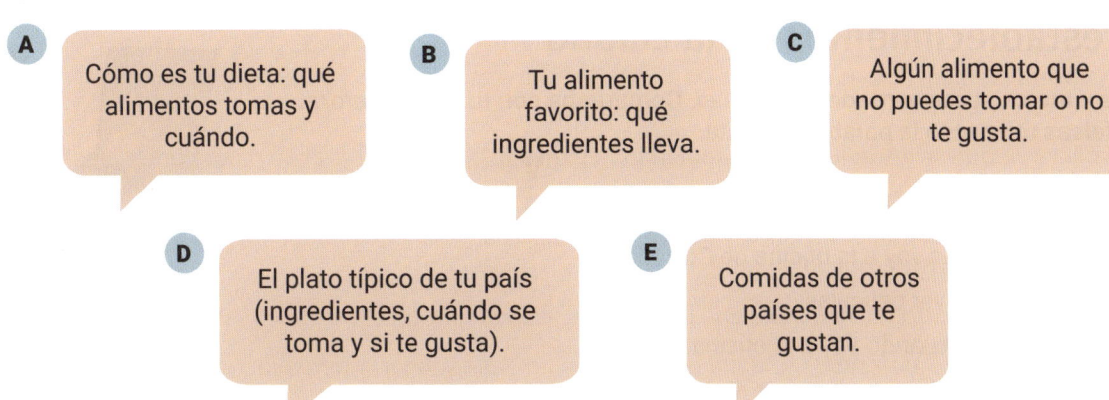

A Cómo es tu dieta: qué alimentos tomas y cuándo.

B Tu alimento favorito: qué ingredientes lleva.

C Algún alimento que no puedes tomar o no te gusta.

D El plato típico de tu país (ingredientes, cuándo se toma y si te gusta).

E Comidas de otros países que te gustan.

Recorremos la ciudad

Palabra por palabra

● Acciones en la ciudad

1. Hay ciudades que no duermen. En parejas, identificad en las imágenes los siguientes elementos, como en el ejemplo.

bares y cafés abiertos ● hoteles ● casas con luz en las ventanas ● farolas
letreros luminosos ● edificios de oficinas ● semáforos ● pasos de peatones
luces de los coches ● farmacias de guardia ● supermercados 24 horas

> En 1 y 3 hay bares y cafés abiertos.

2. Por la noche la luz es importante. Completa con la forma verbal correcta y relaciona las columnas.

a. Las farolas (iluminar) ....
b. Los semáforos (cambiar) ....
c. La cruz verde de las farmacias (ayudar) ....
d. Los coches, taxis y ambulancias (utilizar) ....
e. La luz verde de los taxis (indicar) ....
f. Los letreros luminosos (dar) ....

1. calles y barrios.
2. vida a la ciudad.
3. para indicar cuándo se puede cruzar.
4. luces de colores para indicar su presencia.
5. a las personas que necesitan medicamentos urgentes.
6. que están libres.

● Lugares y establecimientos de la ciudad

3. Lee las frases y marca si son verdaderas o falsas. Comprueba con tu compañero/a. Corregid las falsas utilizando la palabra correcta.

	V	F
a. Si quiero chocolate, voy a la panadería.		
b. Para enviar paquetes voy a la oficina de Correos.		
c. Vamos al cine para ver películas.		
d. Paseo con el perro cuando voy a la oficina.		
e. En el cajero automático puedo sacar dinero.		
f. Para comprar libros vamos a la biblioteca.		

● Actividades y profesiones

4. Observa y relaciona cada profesional con su nombre y el objeto adecuado. ¿Cómo es el nombre en femenino? Comprueba con tu compañero/a.

a.	b.	c.	d.	e.	f.
☐ camarero	☐ albañil	☐ repartidor	☐ profesor	☐ limpiador	☐ bombero
☐ ladrillos	☐ extintor	☐ libreta	☐ cepillo	☐ moto	☐ ordenador

5. Ahora, escribe debajo de cada objeto la profesión adecuada. Compara con tu compañero/a.

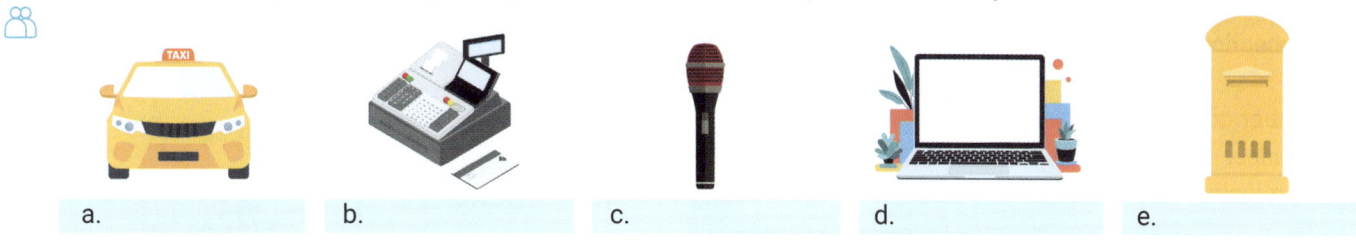

a. _____ b. _____ c. _____ d. _____ e. _____

6. ¿Qué profesionales dicen esto? Hay varias opciones. Comprueba tus resultados en clase.

a. Este paquete es para usted. ....

b. Perdón, ¿cuál es la dirección? ....

c. Buenos días, ¿qué van a tomar? ....

d. Para mañana hay que hacer este trabajo. ....

e. Hoy tenemos una nueva noticia. ....

f. La barra de pan cuesta 1,35 euros. ....

7. En parejas, leed las descripciones y escribid la profesión. Después, escribid una definición de una profesión y leedla en clase para adivinar qué profesión es.

a. Transporta a muchas personas juntas por toda la ciudad.

b. Todos tenemos agua gracias a estas personas.

c. Escuchamos lo que dicen para saber qué pasa en el mundo.

d. Cuida las plantas y los árboles de parques y jardines.

e. ....

1. **Observa con atención y describe a tu compañero/a qué ves y qué no ves en esta imagen.**

árboles ● autobuses ● bancos ● bicicletas ● calles ● camiones ● coches ● taxis
edificios antiguos ● edificios modernos ● farolas ● fuentes ● metro ● monumentos
motos ● pasos de peatones ● plazas ● puentes ● semáforos ● tiendas

2. **Saber orientarse es importante. En parejas, completad estos consejos de una página web.**

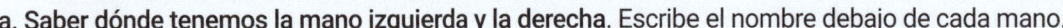

Para orientarte bien, sigue estos consejos. Después, comprueba tus resultados con tu compañero/a.

a. **Saber dónde tenemos la mano izquierda y la derecha.** Escribe el nombre debajo de cada mano.

b. **Saber dónde estamos.** Completa con la palabra correcta
   (*banco, cajero, paso de peatones, parada de autobús*)
   y relaciona con la imagen adecuada.

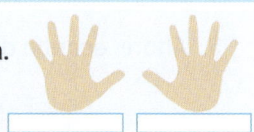

   1. Estamos en un .... del parque de La Paz.
   2. Estoy esperando el autobús en una ....
   3. Estoy en un ...., porque hoy no abren los bancos.
   4. Estamos en un ...., esperando para cruzar.

c. **Observar a tu alrededor.** Según las imágenes anteriores, elige la opción correcta.
   1. Hay un chico con jersey rojo *cerca/lejos* de la parada del autobús.
   2. Estoy con mi hija *detrás/delante* de un paso de peatones.
   3. Estoy *delante/detrás* de un cajero automático.
   4. Estoy sentada *enfrente/al lado* de Juan.

d. **Ser prácticos.** Elige la opción adecuada.
   Consulta el *mapa/GPS* del teléfono, el *plano/mapa* de la ciudad o el *GPS/mapa* del lugar donde estás. Si hay gente, puedes preguntar o pedir ayuda.

3. ¿Qué se puede hacer en estos lugares? Escribe el nombre de cada uno y habla con tu compañero/a, como en el ejemplo.

En el ...... podemos ...... y ....

a. ....

b. ....

c. ....

d. ....

4. Ahora, lee lo que ha escrito Jaime sobre lo que hace en su ciudad y elige el conector adecuado.

Durante la semana estoy muy ocupado, *por eso/pero* no salgo mucho, *pero/porque* hoy es un día especial, *porque/por eso* es mi cumpleaños. Me gusta mucho la comida italiana, *por eso/pero* he quedado con unos amigos en un restaurante italiano en el centro de la ciudad. Vivo en una ciudad muy grande, *porque/así que* tengo que tomar el metro para ir y volver, *porque/pero,* si terminamos muy tarde, tenemos que coger un taxi. Prefiero ir en transporte público, *por eso/porque* voy en metro, que es más rápido y hay una estación cerca de mi casa. Antes, tengo que ir a un cajero, *así que/porque* quiero invitar a mis amigos, *porque/pero* no tengo dinero en efectivo y no me gusta pagar con tarjeta. Por suerte, hay un cajero en mi calle. Espero no llegar tarde, *así que/porque* me gusta ser puntual.

5. Rosa tiene que hacer algunas cosas. Sigue las indicaciones y completa con los nombres de los lugares a los que va. Después, comprueba con tu compañero/a.

Primero voy a ir a la/al .... Entonces, tengo que seguir recto, girar la segunda calle a la izquierda y allí está, a la derecha. Después, voy a ir a la/al ...., así que tengo que ir a la izquierda y girar por la primera calle a la derecha, seguir recto y girar otra vez a la izquierda, y ahí está, a la derecha, al lado del cine. Por último, voy a ir a la/al ...., así que tengo que cruzar .... que está enfrente del cine. Está al lado de la oficina de Correos.

Está aquí

6. Elige tres establecimientos de tu barrio y explica a tu compañero/a cómo vas desde tu casa hasta allí.

Madrid nunca duerme

1. Por la noche, también hay personas que trabajan. Lee este texto y responde las preguntas. ¿Existe algo similar en tu país? Coméntalo en clase.

Igual que sucede en muchas grandes ciudades, en Madrid hay personas que no tienen un hogar y duermen en bancos de la calle o de los parques o en cajeros automáticos cerrados. En español, se las llama *sin techo*.

Pero también hay organizaciones que les ayudan, como hacen los voluntarios y las voluntarias de Calor y café, una ONG (organización no gubernamental) que sale por la noche para ofrecer, especialmente los días fríos, mantas, comida o bebida caliente y un poco de conversación. Además, el Sámur, el servicio de urgencias del Ayuntamiento, ofrece atención médica y, siempre que hay una emergencia, responde a las llamadas de teléfono de Calor y café. Como ves, por la noche hay personas que hacen un trabajo muy necesario, que muchos no conocen, para ayudar y proteger a personas que no tienen lo necesario para vivir en buenas condiciones.

a. ¿Cómo se llama en español a las personas que viven en la calle?

....

b. ¿Dónde duermen esas personas?

....

c. ¿Qué significa ONG?

....

d. ¿Quiénes trabajan en Calor y café? ¿Qué hacen?

....

e. ¿Qué hace el servicio de urgencias del Ayuntamiento de Madrid?

....

2. En parejas, anotad tres características que, en vuestra opinión, tienen las personas que viven en la calle. Comentad vuestros resultados en clase.

a. ....

b. ....

c. ....

3. Piensa ahora en tu ciudad y escribe un pequeño texto explicando cómo es la situación de las personas que no tienen casa. Después, lee tu texto en clase.

Mi ciudad es más pequeña/grande que Madrid ....

....

....

....

....

4. En parejas, leed la información de estas dos ciudades. Después, escribid frases comparando sus características. Utilizad las estructuras comparativas (libro de clase, pág. 73).

Ciudad de Buenos Aires
- Tiene más de tres millones de habitantes.
- Es una ciudad ordenada, pero con mucho tráfico.
- Tiene el metro más antiguo de Hispanoamérica.
- Tiene grandes parques urbanos, como el Palermo.
- Tiene la avenida más ancha del mundo (140 m).

Ciudad de México
- Tiene más de 17 millones de habitantes.
- Es una ciudad caótica, con mucho tráfico.
- Es la ciudad más antigua de Hispanoamérica.
- Uno de sus grandes parques urbanos es el de Chapultepec.
- Su catedral es la más grande de Hispanoamérica.

a. ....
b. ....
c. ....
d. ....

5. Lee lo que dicen Mónica y Felipe sobre sus ciudades. Después, comenta con tu compañero/a lo que has leído, como en el ejemplo.

Mónica

Mi ciudad no es bonita porque es muy grande y está muy sucia. El transporte funciona muy bien, tenemos metro y muchos autobuses, pero hay mucho tráfico. Es un poco incómoda, pero me gusta porque hay muchos sitios para divertirse.

> La ciudad de Mónica es más grande que la de Felipe.

Felipe

Vivo en una ciudad muy bonita, pero muy pequeña, y por eso vamos en bici. No necesitamos metro, pero sí autobuses. Todo está muy limpio, pero no hay muchas opciones para salir con los amigos o hacer deporte.

> La ciudad de Felipe es más limpia que la de Mónica.

6. ¿Cómo vas a estos lugares? Habla con tu compañero/a, como en el ejemplo. Indica si está cerca o lejos de tu casa, qué medio de transporte utilizas y justifica tu respuesta con los adjetivos propuestos.

> Para ir a .... voy a pie, porque está cerca y, a veces, utilizo la bici, porque es más ecológica. El .... contamina más.

Medios de transporte: avión, tren, coche, metro, taxi, autobús, bicicleta, patinete
Adjetivos: rápido, lento, mayor, menor, mejor, peor, limpio, sucio, barato, caro, ecológico, cómodo

 **COMPRENSIÓN AUDITIVA**

TAREA 1
Escuchar conversaciones y relacionar la pregunta con la imagen

Vas a escuchar 5 conversaciones. Tienes que relacionar la pregunta (1 a 5) con la imagen adecuada (A, B o C). Cada conversación se repite dos veces.

🎧 7

Ejemplo:

Conversación 0
¿Dónde va la mujer? La opción correcta es la **A**, porque prefiere ir a las tiendas del centro de la ciudad.

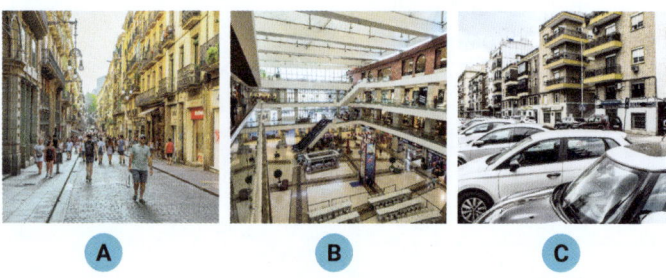

Conversación 1
¿Cómo va a ir al centro el hombre?

Conversación 2
¿Qué profesional necesita la mujer?

Conversación 3
¿Dónde está el nuevo restaurante?

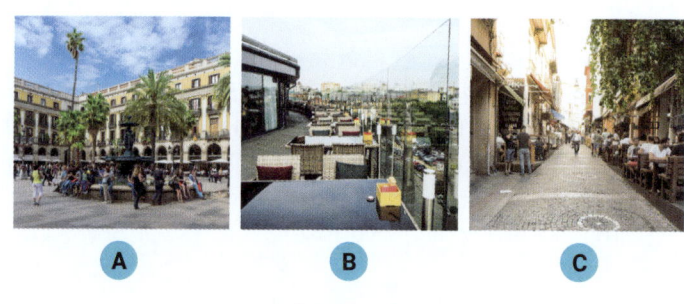

Conversación 4
¿A qué establecimiento va el hombre?

Conversación 5
¿Dónde prefiere vivir la mujer?

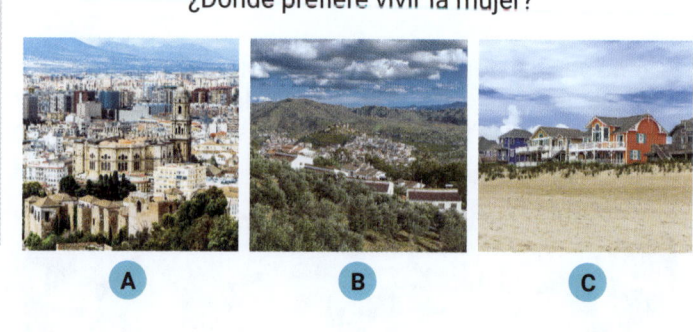

EXPRESIÓN E INTERACCIÓN ESCRITAS

TAREA 2

Hablar de tu ciudad y tus lugares favoritos

Tienes que escribir un correo a un/-a amigo/a hablando de tu ciudad. En el correo tienes que hablar de:

- Cómo se llama y dónde está.
- Cómo es y qué te gusta de ella.
- Qué lugares son tus favoritos.
- Qué diferencia hay con otra ciudad que te gusta.

Número de palabras recomendadas: entre 30 y 40.

EXPRESIÓN E INTERACCIÓN ORALES

TAREA 2

Exposición de un tema

Tienes que seleccionar 3 de estas 5 opciones y hablar durante 2-3 minutos sobre ellas.

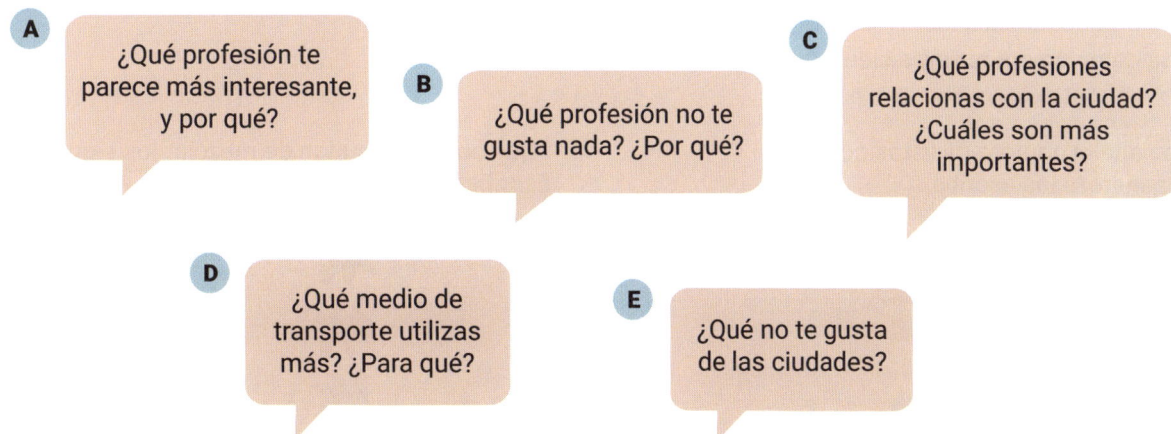

A ¿Qué profesión te parece más interesante, y por qué?

B ¿Qué profesión no te gusta nada? ¿Por qué?

C ¿Qué profesiones relacionas con la ciudad? ¿Cuáles son más importantes?

D ¿Qué medio de transporte utilizas más? ¿Para qué?

E ¿Qué no te gusta de las ciudades?

7 Así vestimos, así somos

Palabra por palabra

1. Clasifica estas palabras en la categoría correspondiente. Escribe el artículo determinado delante de cada una, como en el ejemplo.

abrigo ● americana ● *bolso* ● *botas* ● camisa ● camiseta ● chaqueta
corbata ● deportivas ● falda ● gafas ● gorra ● jersey ● pantalones ● paraguas ● sandalias
sombrero ● sudadera ● traje ● vaqueros ● vestido ● zapatillas ● zapatos

ropa	calzado	complementos
el abrigo	*las botas*	*el bolso*

2. En parejas, completad los nombres de estos complementos con las vocales que faltan y el artículo correcto. Después, clasificadlos en la tabla anterior.

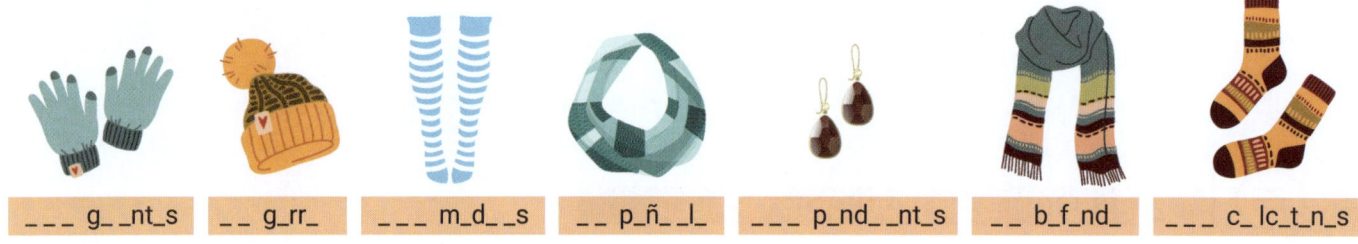

_ _ _ g_ _nt_s   _ _ g_rr_   _ _ _ m_d_ _s   _ _ p_ñ_ _l   _ _ _ p_nd_ _nt_s   _ _ b_f_nd_   _ _ _ c_ lc_t_n_s

3. Responde estas preguntas. Después, compara con tu compañero/a. ¿Coincidís?

a. ¿Cómo se llama la ropa que no es exterior? Ropa ....
b. Para ti, un traje, ¿es ropa de hombre o de mujer? ....
c. ¿Qué te pones para dormir? ....
d. ¿Cómo llamas tú a los pantalones vaqueros? ....
e. ¿Alguna vez usas calcetines con sandalias? ....
f. ¿Qué prenda nunca usas? ¿Por qué? ....
g. ¿Qué complementos llevas siempre cuando viajas? ....

4. Di en voz alta el nombre de estos colores. Tu compañero/a los escribe.

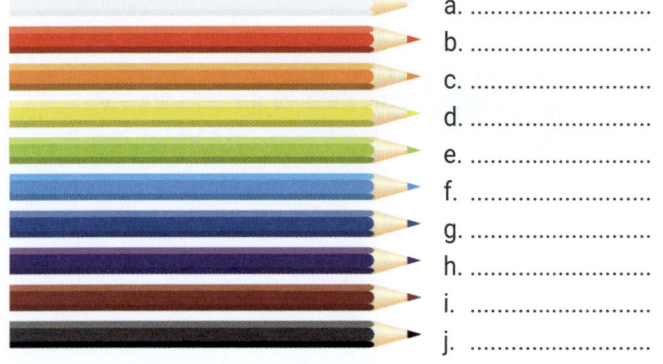

a. ....
b. ....
c. ....
d. ....
e. ....
f. ....
g. ....
h. ....
i. ....
j. ....

5. ¿Qué colores resultan de mezclar los siguientes? Escríbelo, como en el ejemplo.

a. ⬜ + ⬛ = *gris*
b. ⬜ + 🟥 = ...
c. 🟨 + 🟦 = ...
d. 🟨 + 🟥 = ...
e. 🟦 + 🟥 = ...
f. 🟨 + 🟦 + 🟥 = ...

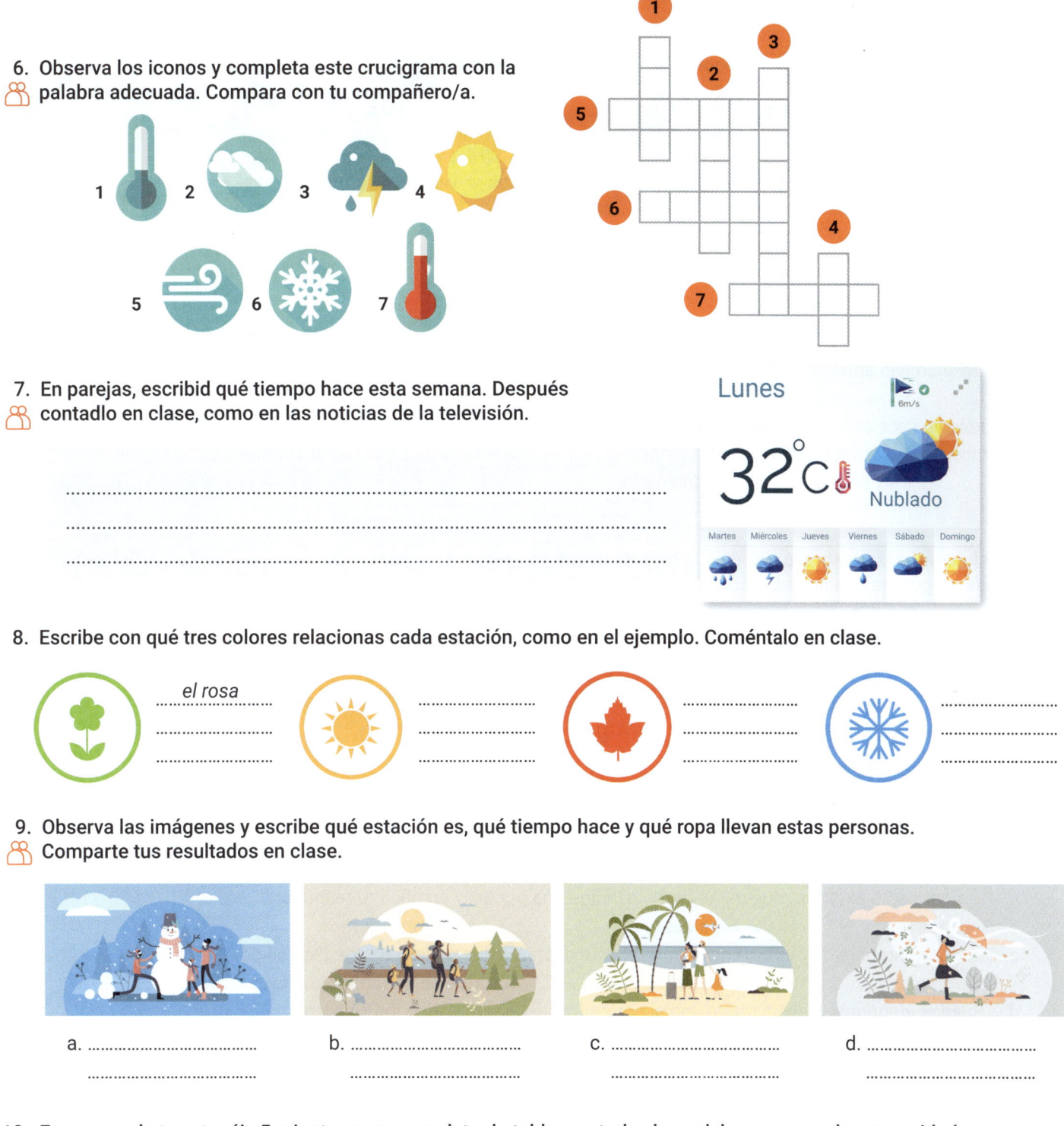

6. Observa los iconos y completa este crucigrama con la palabra adecuada. Compara con tu compañero/a.

7. En parejas, escribid qué tiempo hace esta semana. Después contadlo en clase, como en las noticias de la televisión.

Lunes

32°C

Nublado

Martes   Miércoles   Jueves   Viernes   Sábado   Domingo

....
....
....

8. Escribe con qué tres colores relacionas cada estación, como en el ejemplo. Coméntalo en clase.

el rosa
....
....
....

....
....
....

....
....
....

....
....
....

9. Observa las imágenes y escribe qué estación es, qué tiempo hace y qué ropa llevan estas personas. Comparte tus resultados en clase.

a. ....
....

b. ....
....

c. ....
....

d. ....
....

10. En grupos de tres, tenéis 5 minutos para completar la tabla con todas las palabras nuevas de esta unidad. Gana el grupo con más palabras correctas.

estación	mes	clima	ropa

Tu estilo habla de ti

1. En parejas, elegid tres de estas situaciones y decid qué ropa necesitáis.

| boda de tu mejor amigo/a | gimnasio | entrevista de trabajo | funeral | cita médica | fiesta de fin de año |

2. Ahora, completa este texto con *tener, necesitar* y *querer* + infinitivo y las palabras que faltan, como en el ejemplo. Hay varias opciones. Compara con tu compañero/a. Después, escribe otro texto similar para un evento del ejercicio anterior.

El próximo mes se casa mi mejor amigo y *necesito* unas *sandalias*, porque ………………… más cómoda que con los ……………… de la última boda. También ………………… un ………………… de fiesta, porque ………………… un ………………… muy bonito y …………… combinarlo.

3. Lee el siguiente texto sobre lo que dice la ropa de nosotros, ¿estás de acuerdo? Después, en parejas, reflexionad sobre las preguntas relacionadas con la moda y el estilo. Explicad vuestras conclusiones en clase.

La forma de hablar, las palabras que usamos, los gestos que hacemos cuando hablamos y la forma de vestir dan mucha información sobre cómo somos o cómo nos sentimos. Además, la calidad de la ropa, la forma de llevarla y el uso de algunos complementos hablan de nuestro estilo, si la moda es importante para nosotros o no, si formamos parte de un grupo específico, etcétera.

Preguntas para reflexionar:

a. Cuando conoces a una persona, ¿qué observas primero? Elige una opción y justifica tu respuesta.
   1. Su forma de hablar.   2. Los gestos que hace.   3. Su forma de vestir.
b. De su aspecto exterior, ¿qué miras primero? Elige una opción y justifica tu respuesta.
   1. La ropa.   2. El calzado.   3. Los complementos.
c. Escribe el nombre de tres complementos que te gustan o que usas siempre. Explica por qué los usas.
   ………
d. ¿Puedes identificar a algún grupo social por su forma de vestir? Escribe su nombre: …………………………………

Conclusiones: ………

4. Ahora, pregunta a tu compañero/a y toma nota de sus respuestas. Después, escribe un texto con tus conclusiones. ¿Está de acuerdo con ellas?

a. ¿Tienes poca, bastante o mucha ropa? ………………………………………………………………………
b. ¿Tienes ropa para cada estación del año? …………………………………………………………………
c. ¿De qué tipo de ropa tienes más prendas: elegante, cómoda, clásica, sofisticada…? ………………………………
d. ¿Tienes ropa que no utilizas? ¿Por qué? ……………………………………………………………………
e. ¿Tienes ropa que no está de moda? ¿Qué haces con ella? …………………………………………………
f. ¿Qué tipo de calzado tienes: deportivas, zapatos…? ¿Cuál prefieres? …………………………………………

5. En español existe una regla para comprar bien: la regla de las tres bes. Complétala con las vocales que faltan. ¿Estás de acuerdo con ella?

b _ _ n _ b _ n _ t _ y b _ r _ t _

6. Lee y escribe el nombre de la prenda con su demostrativo en el lugar adecuado, como en el ejemplo. Comprueba después con tu compañero/a.

a. −Quiero esos vaqueros azules.
   −¡Qué bonitos! Y no son caros.
b. −¿Estas gafas de sol cuestan mucho?
   −Un poco. Cuestan 99,99 €.
c. −Me encantan aquellas botas rojas.
   −¡Valen 250 €!
   −Ya no me gustan.
d. −Necesito unas deportivas verdes.
   −Mira, esas son muy originales.

Aquí (cerca)	Ahí (lejos)	Allí (muy lejos)
	Esos vaqueros	

7. En parejas, elegid una imagen y valorad las prendas con las expresiones del recuadro, como en el ejemplo. Decidid, después, el precio de cada prenda. Intercambiad vuestras valoraciones con otra pareja.

a.

b.

c.

d.

e.

- ¿Qué te/os parece…?
- Me parece original/horrible/bonito…
- No está mal./No sé.
- Creo que es un poco/bastante/muy…
- ¡Qué + bonito/caro/barato/original…!
- (No) Me gusta mucho/poco/bastante/nada.

¿Qué te parece ese pantalón…?
A mí me parece precioso.

Pues a mí no me gusta nada.
Creo que es bastante feo.

¿Cuánto crees que cuesta?

No sé.

El tiempo en los dos hemisferios

1. Completa el siguiente texto sobre el cambio climático en el hemisferio norte con los contrarios de las palabras dadas (≠) o con las pistas (entre paréntesis).

En el hemisferio .... (≠ sur), en .... (≠ invierno), es el periodo del año cuando más .... (≠ frío) hace. Esa época dura tres .... (un año tiene 12) y empieza el .... (la semana tiene 7) 21 de .... (6.º mes del año), es decir, después del inicio del .... (≠ invierno). Después de las .... (un mes tiene 4 o 5) de más .... (≠ frío), los agricultores empiezan a trabajar en el campo, pero actualmente las .... (≠ bajas) temperaturas están cambiando el trabajo de la gente del campo.
El cambio de temperatura de las .... (un año tiene 4) del año también es consecuencia de nuestras acciones sobre el planeta Tierra.

2. Recuerda cómo funcionan los cuantificadores (libro de clase, pág. 84) y completa con ellos estas frases relacionadas con el texto. Hay varias opciones.

   a. Las acciones de las personas que viven en el planeta Tierra tienen .... importancia en el cambio climático.
   b. Actualmente, el tiempo es .... diferente al tiempo de épocas pasadas.
   c. Las semanas de calor se producen .... antes que hace unos años.
   d. Las estaciones están cambiando ....
   e. El calendario del campo, ahora, es .... distinto al calendario de antes.
   f. En general, ... personas no piensan en las consecuencias del cambio climático.

3. Pregunta a tu compañero/a para completar su ficha. Buscad la información que no sabéis.

   Fecha de cumpleaños:

   Día de la semana:

   Lugar que ocupa tu mes de nacimiento en el calendario del año:

   Significado del nombre de tu mes:

   Estación de tu mes de nacimiento:

   Nombre de personas famosas que comparten cumpleaños contigo:

4. Ahora, en parejas, buscad información para completar estos datos. Gana la pareja que antes termina.

   a. El día más corto del año y el día más largo: ....
   b. El mes más corto del año: ....
   c. El mes con el nombre más corto y el más largo: ....
   d. Meses del año que tienen 30 días: ....
   e. Meses del año con 31 días: ....
   f. Meses que no tienen erre (r): ....

5. Une las columnas para formar frases correctas. Hay varias opciones. Después, compara con tu compañero/a.

a. No vemos nada, porque
b. En las playas del sur
c. En el norte de España, en invierno,
d. ¿Has oído eso?
e. En el desierto de Atacama
f. En la región del Amazonas
g. En las montañas
h. En primavera

1. Hay tormenta.
2. hace sol y también calor.
3. nieva en invierno.
4. hay niebla.
5. hay mucha humedad.
6. llueve muy poco.
7. hay muchas flores.
8. llueve mucho.

6. Relaciona cada frase con la imagen correspondiente y completa con la información que falta. Hay varias opciones. Utiliza los cuantificadores que conoces: *mucho/muy/poco/bastante.*

a. ¡Qué día! Hoy necesitamos un paraguas y botas, porque ....
b. Hoy podemos hacer surf, porque ....
c. ¡Qué bien! El fin de semana vamos a ir a esquiar, porque ya ....
d. Mi estación preferida es ...., porque ....
e. No me gusta ...., necesito mucha ropa, porque ....
f. En .... nos gusta mucho ir de excursión. Todo está muy verde.

7. En parejas, vais a preparar un viaje. Elegid una de las opciones. Buscad información sobre el tiempo que hace y pensad qué ropa necesitáis. Escribid un breve párrafo y compartid vuestros resultados en clase.

España	Hispanoamérica	
Madrid en diciembre	Cuba en septiembre	....
Tenerife en febrero	Ciudad de México en octubre	....
Sevilla en junio	Bogotá en noviembre	....
Mallorca en agosto	Buenos Aires en diciembre	....

 **COMPRENSIÓN DE LECTURA**

TAREA 1
Leer un correo electrónico y contestar las preguntas

Vas a leer un correo electrónico de una estudiante que escribe a su profesora. Después, lee las preguntas (1 a 5) y selecciona la opción correcta (a, b o c).

De: solji_ariel@gmail.com

Asunto: Hola desde México

¡Hola, profesora! ¿Qué tal está?:
Soy Solji, una de las dos estudiantes coreanas del Curso de Primavera de hace seis o siete años. ¿Se acuerda de mí? Soy la estudiante alta, no la otra. Le escribo desde México para desearle feliz año nuevo. Quizá parece extraño, ¿verdad? Pero, después de terminar el curso en Salamanca y viajar a Corea a ver a mi familia, he venido a México a trabajar con una empresa de mi país... y ya hace 5 años que vivo aquí con Ariel, mi esposo, que es mexicano, y con nuestros tres perros.
Ahora mi español es diferente, pero siempre recuerdo mis clases con usted en el Curso de Primavera. Este año, Ariel y yo queremos ir a España después de Navidad, porque quiero enseñarle los sitios del norte que conozco, como Santander o San Sebastián, con su magnífica playa de La Concha. Después, queremos hacer el Camino de Santiago y llegar hasta Finisterre. Galicia siempre me ha parecido un destino fantástico, aunque llueve mucho.
¿Va a estar usted en su ciudad? He pensado que antes de ir al norte, podemos parar dos días en Salamanca.
Un abrazo y saludos de mi esposo,
Solji y Ariel

Enviar

PREGUNTAS

1. Solji ha estudiado español...
a. en Corea.
b. en España.
c. en México.

2. Solji vive en...
a. su país de origen.
b. un país de habla hispana.
c. una ciudad española.

3. La mujer quiere...
a. viajar a España con su familia.
b. volver sola a España.
c. hacer otro curso de español.

4. Ella piensa...
a. visitar el sur de España.
b. ir al mar Mediterráneo.
c. volver al norte de España.

5. Solji quiere visitar España en...

  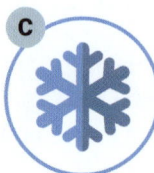

TAREA 2
Describir el tiempo en tu ciudad

Tu amigo/a ha decidido visitarte en verano y estar en tu casa durante tres semanas. Escríbele un correo con la información necesaria. En el correo tienes que:

- Saludar.
- Describir qué tiempo hace en verano en tu ciudad.
- Aconsejar qué tipo de ropa es más adecuada.
- Describir qué actividades se pueden hacer y cuándo.
- Despedirte.

Número de palabras recomendadas: entre 30 y 40.

 **EXPRESIÓN E INTERACCIÓN ORALES**

TAREA 2
Exposición de un tema

Tienes que seleccionar 3 de estas 5 opciones y hablar durante 2-3 minutos sobre ellas.

A ¿Qué estilo de ropa te gusta más?

B ¿Cuál es tu ropa favorita? ¿Qué no te gusta?

C ¿Qué colores te gustan para distintos tipos de ropa?

D ¿Cuál es tu estación favorita? ¿Por qué?

E ¿Qué ropa prefieres en verano y en invierno?

8 Buscamos profesionales

Palabra por palabra

● Profesionales y tipos de trabajo

1. ¿Con qué profesiones relacionas estas frases? Habla con tu compañero/a. Después, escribid dos frases más para decirlas en clase. Vuestros compañeros adivinan la profesión.

a. Para aprender, hay que estudiar.	b. Tiene la habitación número 28.	c. De primero, hay sopa o ensalada.
d. Su perro está enfermo.	e. El coche no funciona, voy a arreglarlo.	f. Vamos a organizar el tráfico para evitar accidentes.
g.	h.	

● Características y habilidades

2. Escribe el nombre de estas profesiones y relaciona cada una con las habilidades adecuadas. Hay varias opciones. Compara con tu compañero/a.

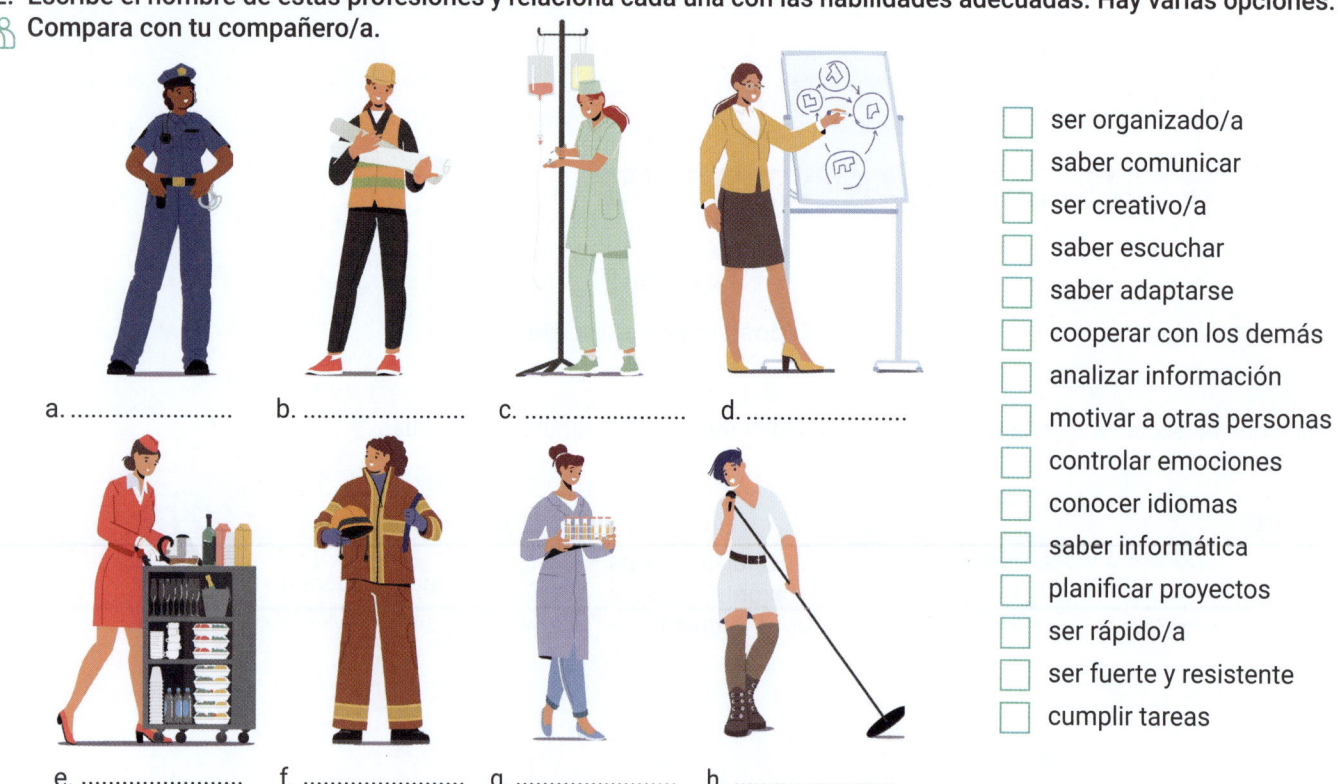

a. ....
b. ....
c. ....
d. ....

e. ....
f. ....
g. ....
h. ....

☐ ser organizado/a
☐ saber comunicar
☐ ser creativo/a
☐ saber escuchar
☐ saber adaptarse
☐ cooperar con los demás
☐ analizar información
☐ motivar a otras personas
☐ controlar emociones
☐ conocer idiomas
☐ saber informática
☐ planificar proyectos
☐ ser rápido/a
☐ ser fuerte y resistente
☐ cumplir tareas

3. Ahora, reflexiona sobre las características para estos tipos de trabajo. ¿Estás o no de acuerdo con ellas? ¿Cuál cambiarías? En parejas, añadid una profesión más a cada uno.

a. activo: entrenador/-a, ...
b. creativo: diseñador/-a, ...
c. físico: deportista, ...
d. intelectual: filósofo/a, ...
e. manual: mecánico/a, ...
f. paciente: veterinario/a, ...

g. repetitivo: conductor/-a de metro, ...
h. de riesgo: policía, ...
i. social: enfermero/a, ...
j. solitario: escritor/-a, ...
k. tranquilo: vigilante nocturno, ...

● Actividad profesional y lugar de trabajo

4. En parejas, escribid el nombre de tres profesionales que pueden trabajar en estos lugares. Hay varias opciones. Justificad vuestra respuesta.

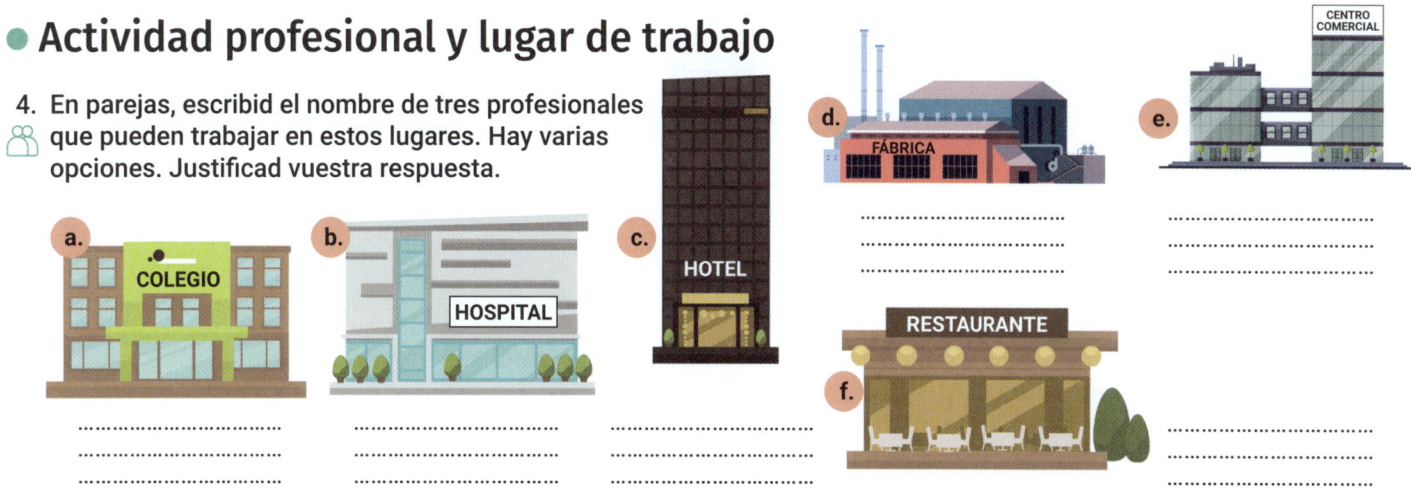

a. COLEGIO

....
....
....

b.

....
....
....

c. HOTEL

....
....
....

d. FÁBRICA

....
....
....

e. CENTRO COMERCIAL

....
....
....

f. RESTAURANTE

....
....
....

5. En parejas, escribid en la tabla dos nombres en cada categoría profesional. Después, intercambiad la información con otra pareja y anotad una de las profesiones que tienen. Gana la pareja que antes completa la tabla.

a. Actividad física y deporte	b. Educación	c. Salud	d. Alimentación	e. Transporte	f. Hostelería y turismo
entrenador/-a de fútbol					

g. Arte, cine y música	h. *Marketing*	i. Tecnología	j. Ciencia	k. Otras	

6. Ahora, clasificad las profesiones anteriores en estas categorías. Compartid vuestros resultados en clase.

Te gustan 😃　　**Te gustan** 😐　　**Dinero** 😀　　**Dinero** 😒

7. En grupos de tres, hablad sobre estas cuestiones. Después, comentad en clase lo más interesante.

a. ¿Qué dos trabajos anteriores no puedes hacer tú, y por qué?

b. ¿En qué profesión tienes más tiempo libre?

c. ¿En qué trabajo es necesario viajar mucho?

d. ¿Para qué trabajo necesitas ropa especial?

e. ¿Qué profesión permite teletrabajar?

> Yo no puedo ser profesor/-a, porque soy muy nervioso/a.

Un día en la vida de Marta

1. **Escribe el participio de estos infinitivos y clasifícalos en el lugar adecuado.**

preparar ● escribir ● desayunar ● poner ● decir ● tomar ● volver ● trabajar ● abrir ● leer ● regar
dormir ● ver ● pedir ● acostarse ● tener ● decidir ● hacer ● venir ● morir ● pagar

regulares	irregulares

2. **Ahora, completa estas frases con algunos de los verbos anteriores en pretérito perfecto compuesto. Compara con tu compañero/a.**

a. Hoy Felipe .... todos sus correos y .... un informe para el director.

b. Rosa .... muy tarde y .... pocas horas, ahora está cansada.

c. Esta mañana Mónica .... muchas reuniones, porque .... muchos clientes a su oficina.

d. La planta de Isabel ...., porque no la .... ¡Qué pena!

e. Alicia .... pronto a casa, porque su marido le .... que .... la cena.

f. Esta semana Laura .... a su jefa en una cafetería, ... café juntas y su jefa ....

3. **Lee el siguiente artículo y completa con los verbos entre paréntesis en pretérito perfecto compuesto.**

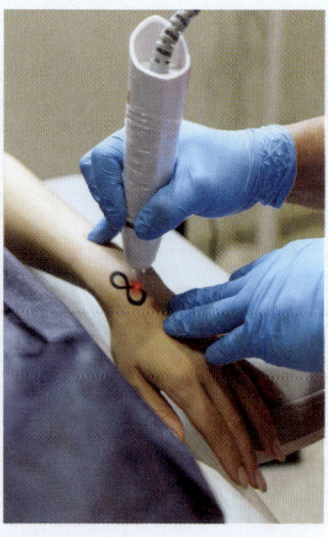

Actualmente hay profesiones, como la de tatuador o tatuadora, que ....
(ponerse) de moda. Hay muchos motivos para hacerse un tatuaje. Pero no
todo es moda, también existen los *tatuajes de reparación*, que ....
(ayudar) a muchas personas que .... (ver) su cuerpo deformado
por un accidente o una cirugía, como ocurre con algunas mujeres que
.... (sufrir) cáncer de mama. También están los tatuajes de *cover-up*
o tapado, que .... (ayudar) a cubrir un tatuaje no deseado con un
nuevo diseño.

Por otro lado, muchas personas .... (decidir) eliminar un tatuaje o una
frase en su cuerpo, porque .... (sentir) la necesidad de borrar recuerdos
del pasado.

Para todas estas situaciones, hay que contar con profesionales preparados.

4. **En parejas, comentad las cuestiones siguientes. Después, exponed en clase vuestra opinión.**

a. En general, ¿te gustan los tatuajes?

b. ¿Has cambiado de opinión después de leer el texto?

c. ¿Alguna vez has pensado hacerte un tatuaje?

d. ¿Cómo prefieres los tatuajes, en blanco y negro o en color?

e. ¿Qué piensas de las personas que han tatuado a sus mascotas?

> A mí sí. Los tatuajes me gustan mucho.

5. Ordena y escribe la pregunta correcta. Después, relaciona cada pregunta con su respuesta.

a. a la oficina/volver/Félix y Nuria/ya

¿...?

b. Ya/para los comerciales/hacer/el informe/vosotros

¿...?

c. la presentación/Por qué/preparar/no/Enrique

¿...?

d. el archivo/guardar/ya/en su carpeta/Sara

¿...?

e. El director/en su despacho/a Juan/ya/citar

¿...?

f. los mensajes/Luisa/ya/contestar

¿...?

1. No, todavía no hemos tenido tiempo, porque hemos estado reunidos.

2. Creo que no hay Internet y por eso no ha podido todavía.

3. Sí, ya están aquí trabajando. Han llegado hace unos minutos.

4. No, todavía espera en la sala de reunión.

5. Porque todavía no tiene todos los datos de los clientes.

6. No, está en su mesa. Todavía no lo ha firmado el responsable.

6. Escucha y marca por orden qué ha hecho Ángel, y escríbelo. Después, según las imágenes, escribe qué no ha hecho todavía. Comprueba tus resultados en clase.

a. Qué ha hecho: ....

b. Qué no ha hecho todavía: ....

7. Ahora, pregunta a dos compañeros por sus experiencias y toma nota de sus respuestas. ¿Qué te ha sorprendido más? Coméntalo en clase.

¿Alguna vez...

a. has dicho mentiras importantes?

b. has estado en un país de habla hispana?

c. has estado en un hospital por un problema?

d. has robado algo poco importante?

e. has llorado con una película?

f. has enviado una foto a una persona equivocada?

g. te has cambiado el color del pelo?

¿Alguna vez has dicho mentiras importantes?

Sí, a mis padres, para poder salir con mis amigos.

Buscar el perfil adecuado

1. En parejas, explicad qué significan estas expresiones relacionadas con el mundo laboral. ¿Cuáles coinciden con tu trabajo actual?

trabajo presencial • teletrabajo • trabajo híbrido
horario de mañana • horario de tarde • horario de noche • media jornada • jornada completa
de lunes a viernes • fin de semana

2. Ahora, lee esta entrevista para un puesto de profesor/-a de autoescuela y elige la opción correcta. Después, marca si son verdaderas o falsas las afirmaciones que se hacen.

Mar: Buenos días. Tengo una entrevista con el señor Sánchez.

Recepcionista: Sí, un momento.

Mar: Gracias.

Alejandro: Buenos días. ¿Mar González?

Mar: Sí, soy yo.

Alejandro: Muy bien. Hemos leído su currículum y vemos que tiene experiencia como profesora de conducción en diferentes autoescuelas y también ha dado clases de normativa vial.

Mar: Sí, así es. Aunque tengo más experiencia como profesora de prácticas, también he dado clases de teoría.

Alejandro: En este caso necesitamos una persona para clases teóricas y prácticas.

Mar: Perfecto. No hay problema.

Alejandro: El trabajo es *híbrido/presencial*, aquí en la autoescuela.

Mar: Lo entiendo.

Alejandro: El horario es *de mañana/de lunes a viernes*.

Y es jornada completa, es decir, trabajo de *día/ mañana* y trabajo de tarde.

Mar: Bien. ¿Los fines de semana también se trabaja?

Alejandro: Trabajamos *de lunes a viernes/fin de semana*. Excepcionalmente hay clases los sábados. Las vacaciones son en agosto y en Navidad. Si está de acuerdo, mañana puede venir para conocer mejor la autoescuela y a los otros profesores y firmar el contrato.

Mar: Muy bien. Muchas gracias por todo y hasta mañana.

Alejandro: Hasta mañana, entonces.

	V	F
a. Mar tiene una entrevista en una autoescuela.		
b. La oferta es para dar clases prácticas de conducción.		
c. Existe la posibilidad de teletrabajar excepcionalmente.		
d. El trabajo es de lunes a viernes, pero hay excepciones.		

3. Ahora, en parejas, hablad sobre estas cuestiones y comentad en clase vuestras conclusiones.

a. ¿Qué tipo de trabajo ofrecen en la autoescuela?
b. ¿Qué os parece el horario y el calendario de un profesor de autoescuela?
c. Redactad la posible oferta de trabajo de esta autoescuela (máximo: 30 palabras).

4. Lee estos tres anuncios de trabajo. En parejas, completad la tabla con las características laborales que deben tener esas personas.

AGENCIA DE COLOCACIÓN. OFERTAS DE EMPLEO

1. Restaurante Bientecobro
Se necesita camarero/a con experiencia
Clientes internacionales
Verano, fines de semana y festivos
Jornada completa

2. Clínica Estilo eterno
Buscamos auxiliar administrativo para clínica estética
Funciones: recepción de llamadas, gestión de agenda
Experiencia 1 o 2 años. Inglés
Horario: lunes a viernes de 10 a 14 y 16 a 20

3. Transportes Sinfronteras
Empresa de transportes necesita guardia de seguridad
Funciones: vigilancia y protección de instalaciones
Imprescindible experiencia
Conocimientos de *software* y *hardware*
Horario flexible (mañana y tarde)
Jornada completa (incluye fines de semana y festivos)

	Habilidades	Conocimientos	Experiencia
Anuncio 1			
Anuncio 2			
Anuncio 3			

5. ¿Qué funciones realizan y qué conocimientos y habilidades necesitan estos profesionales? Elige tres de cada categoría para cada profesional. Compara tus respuestas con dos compañeros/as. ¿Coincidís?

contable	nutricionista	electricista	profesor/-a de español

Conocimientos	Habilidades
- Tener titulación universitaria - Tener formación profesional específica - Saber idiomas - Saber informática - Conocer las normas de seguridad - Conocer el cuerpo humano - Conocer sistemas de energía	- Saber escuchar - Tener paciencia - Ser amable - Saber evaluar - Saber trabajar en equipo - Tener habilidades manuales - Saber solucionar problemas

 **COMPRENSIÓN DE LECTURA**

TAREA 3
Leer tres textos y relacionar con preguntas

Vas a leer tres textos de tres personas que hablan de su experiencia laboral. Relaciona las preguntas (1 a 6) con los textos (A, B o C).

A. Amancio Ortega Gaona
Amancio Ortega es un empresario español del sector textil. Su carrera comienza con doce años, como empleado de dos tiendas de ropa. Es el fundador del grupo Inditex, al que pertenece la famosa marca Zara, que está presente en casi cualquier país. La fórmula de su éxito es ofrecer ropa barata, de bastante calidad y para todos los públicos. Gracias a esta estrategia ha conseguido muchos clientes y ha ganado mucho dinero. Le han dado varios premios. En el año 2001 crea una fundación que tiene diferentes proyectos enfocados a la educación (como un programa de becas para estudiar fuera de España) y al bienestar social (ha dado mucho dinero a diferentes ONG y ha comprado nuevos equipos para hospitales). Se ha casado dos veces y tiene seis nietos.

B. Elena García Armada
Ha estudiado Ingeniería Industrial y ha trabajado en diferentes compañías. Al principio, se dedica a diseñar robots para la industria, pero tras conocer a Daniela, una niña tetrapléjica, comienza a desarrollar exoesqueletos biónicos para ayudar a niños y niñas con problemas de movilidad a mantenerse en pie y caminar. Gracias a este desarrollo pionero e innovador, ha recibido el Premio Inventor Europeo. Ha estudiado en España y también en el Instituto de Tecnologías de Massachussets (MIT) de EE. UU. Participa en muchas conferencias sobre ciencia y siempre ha dado importancia a la presencia de la mujer tanto en el ámbito de la ciencia como de la investigación. Es una mujer bastante influyente en el ámbito de la robótica y ha recibido muchos premios por sus proyectos e inventos y por su labor social.

C. Rosalía Vila Tobella
Además de cantautora, es productora, actriz y empresaria. Empieza su formación musical a los siete años, y ha seguido sus estudios en la Escuela Superior de Música de Cataluña. Superó una operación de cuerdas vocales a los diecisiete años y ha llegado a la fama mundial con su fusión flamenca (ha renovado el flamenco fusionándolo con la música pop y urbana). Ha ganado muchos premios por su labor artística y creativa. Ha sido récord en listas de éxitos como Billboard y Spotify. Ha colaborado con algunos de los cantantes más famosos del momento. Ha creado una fundación para ayudar a personas con pocos recursos. Actualmente es una de las artistas más conocidas del mundo. Su hermana trabaja con ella como su estilista y directora creativa. Rosalía destaca por su estética (de influencia japonesa).

	PREGUNTAS	A Amancio Ortega	B Elena García	C Rosalía Vila
1	¿Quién tiene estudios universitarios?			
2	¿Quién ha innovado un estilo?			
3	¿Quién ha creado una gran empresa?			
4	¿Quién ha trabajado con diferentes colegas de profesión?			
5	¿Quién ha donado equipos médicos a centros sanitarios?			
6	¿Quién ha luchado por el papel de la mujer en la investigación?			

EXPRESIÓN E INTERACCIÓN ESCRITAS

TAREA 1
Hablar de cómo ha sido la semana

Has recibido un correo electrónico de una amiga sobre algunos problemas en su casa.

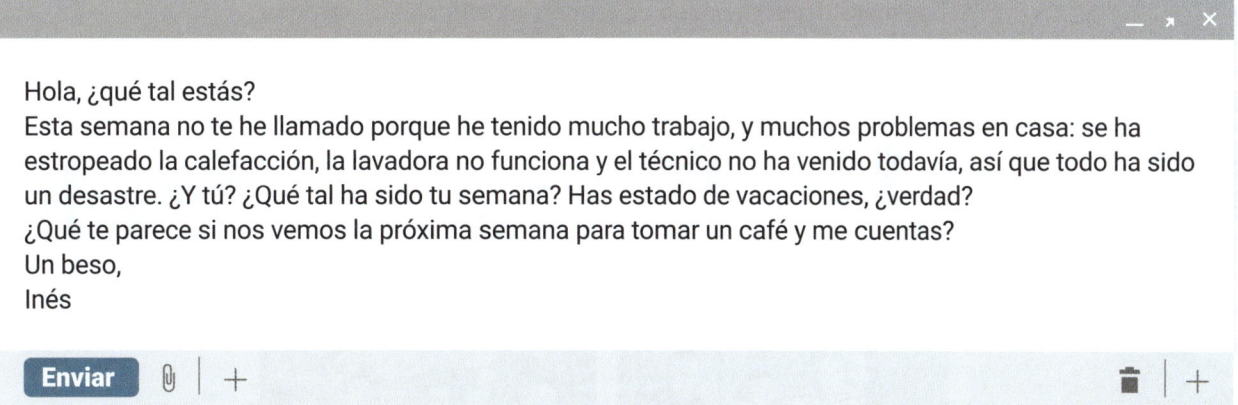

Hola, ¿qué tal estás?
Esta semana no te he llamado porque he tenido mucho trabajo, y muchos problemas en casa: se ha estropeado la calefacción, la lavadora no funciona y el técnico no ha venido todavía, así que todo ha sido un desastre. ¿Y tú? ¿Qué tal ha sido tu semana? Has estado de vacaciones, ¿verdad?
¿Qué te parece si nos vemos la próxima semana para tomar un café y me cuentas?
Un beso,
Inés

Enviar

Escribe un correo a tu amiga. En él tienes que:

- Saludar.
- Contestar a sus preguntas y decir qué has hecho.
- Preguntarle qué ha hecho para solucionar sus problemas.
- Quedar con ella un día a una hora.
- Despedirte.

Número de palabras recomendadas: entre 60 y 70.

EXPRESIÓN E INTERACCIÓN ORALES

TAREA 1
Monólogo breve

Tienes que hablar durante 2 o 3 minutos sobre el mundo del trabajo. Tienes que hablar de:

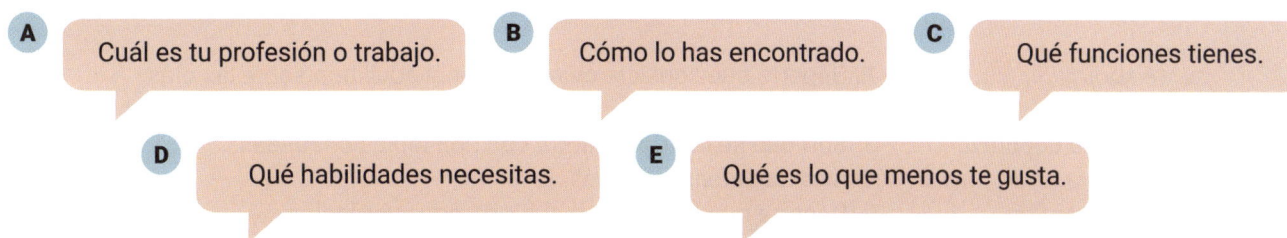

A Cuál es tu profesión o trabajo.

B Cómo lo has encontrado.

C Qué funciones tienes.

D Qué habilidades necesitas.

E Qué es lo que menos te gusta.

Tiempo para la mente y el cuerpo

Palabra por palabra

● Actividades de ocio

1. En la sociedad actual hay amigos y amigas que organizan diferentes actividades para reunirse. Relaciona cada una de las siguientes con la imagen adecuada. Compara con tu compañero/a.

salir a correr un domingo ● montar en piragua un sábado ● participar en un campeonato de parchís
un fin de semana de juegos de rol ● una cena con amigos en casa ● una competición de dardos en un *pub*
una maratón de películas de terror ● una noche de karaoke

a. ....
b. ....
c. ....
d. ....

e. ....
f. ....
g. ....
h. ....

2. Ahora, en parejas, decidid qué mes o qué época del año son más adecuados para hacer cada una de las actividades anteriores. Añadid dos más que os gustan. Hay varias opciones.

CALENDARIO ANUAL			
enero	febrero	marzo	abril
mayo	junio	julio	agosto
septiembre	octubre	noviembre	diciembre

● Actividades deportivas

3. Los Juegos Olímpicos han cambiado para adaptarse a la sociedad actual. Estos son algunos deportes olímpicos nuevos. En parejas, relacionad cada uno con su definición.

a. béisbol
b. críquet
c. escalada deportiva
d. kárate
e. *skateboarding*
f. *squash*
g. surf

1. Deporte que consiste en mantener el equilibrio sobre las olas.
2. Juego de bate y pelota que se realiza en un campo con cuatro bases.
3. Surf que se realiza en tierra con una tabla con ruedas.
4. Arte de defensa japonés.
5. Deporte que consiste en subir paredes verticales.
6. Juego similar al béisbol, que se practica con bate y pelota.
7. Deporte de raqueta que consiste en golpear una pelota contra la pared.

4. Lee las descripciones y escribe el nombre de cada deporte. Después, relaciona cada uno con el icono adecuado y compara con tu compañero/a.

a. Es un deporte individual o de equipo que consiste en nadar rápido. Se practica en una piscina. ………………..

b. Es un deporte de equipo. Hay dos equipos que corren detrás de un balón y solo el portero puede utilizar las manos. ………………..

c. Se puede jugar individual o en parejas. Los jugadores tienen raquetas y necesitan una pelota. La pista está dividida por una red. ………………..

d. Se juega en el exterior, en un campo muy grande. Se necesitan diferentes palos y una pelota pequeña. Hay que caminar mucho. ………………..

5. Ahora, en parejas, elegid dos deportes y describidlos. La clase tiene que adivinar el nombre de los deportes.

a. ………………………………………………………………………………………………..
b. ………………………………………………………………………………………………..

6. En parejas, ordenad las letras de estas palabras para completar con cada una la frase correspondiente.

a. s a p i t n e ………………………
b. a l n b ó ………………………
c. l b t a a ………………………
d. e s a s p ………………………
e. g t a n e u s ………………………

1. En el baloncesto necesitas un ………………
2. Llevas ……………… en los pies para jugar al *hockey*.
3. Cuando haces surf, no es fácil subir en la ……………… y mantener el equilibrio.
4. A mucha gente le gusta levantar ……………… en el gimnasio.
5. Para practicar boxeo necesitas llevar ………………..

7. ¿Qué necesitas para practicar estos deportes? En parejas, escribid tres palabras para cada uno. Las imágenes pueden ayudaros.

pádel surf	esquí	béisbol	tenis	natación

8. Busca el nombre de siete deportes. Comprueba tus resultados con tu compañero/a y después completad las frases con esas palabras.

a. La ……………………… se practica en una piscina.

b. Para jugar al ……………………… se necesita un palo y una pequeña pelota blanca.

c. El ……………………… es un arte marcial de origen japonés.

d. En el ………………………, los jugadores son muy fuertes y usan un balón especial.

e. En el ……………………… se necesita mucho equilibrio y coordinación.

f. El ……………………… es un deporte típico del invierno.

g. El ……………………… es un deporte de lucha y los jugadores utilizan guantes.

K	R	E	B	P	M	B	L	R
Á	A	S	O	E	R	O	R	U
R	G	Q	X	S	H	X	V	G
A	B	U	E	A	D	E	F	B
T	Y	Í	Q	D	Q	O	P	Y
E	B	Y	G	O	L	F	A	P
M	N	A	T	A	C	I	Ó	N
T	P	A	T	I	N	A	J	E

Actividades para todos los gustos

1. Lee los mensajes de Jorge y sus amigos con motivo del Benidorm Fest, el festival de canción de RTVE.
   Después, en parejas, responded las preguntas.

Jorge
Hola a todos. Ya llega el Benidorm Fest 😍 y Marina y yo estamos pensando en reunirnos en nuestra casa. ¿Qué os parece? ¿Venís todos? El plan es el mismo de siempre: vernos aquí, en casa, para tomar algo, ver las semifinales, y organizarnos para la final del sábado. ¡Qué ganas! 😙

Francesca y Cristina
¡Holaaaaa! ¡Qué bien! ¡Qué ilusión! Pero ¿por qué no quedamos en nuestra casa para la final? Ya sabéis que hemos cambiado de casa 😇 y, aunque aún no está todo ordenado, en el salón podemos estar sin problema. ¿Qué os parece? Así inauguramos la casa con el Benidorm Fest. 😋

Filippo
¡Ja, ja, ja! ¡Qué bueno celebrar juntos otra vez el Benidorm Fest! Me parece estupendo, pero propongo otra cosa: ver las semifinales en casa de Jorge y Marina, para no romper la tradición 😊, y el sábado os invito a ver la final en mi casa, porque hace buen tiempo (aunque estamos en febrero) y podemos estar en la terraza 😎. ¿Qué os parece? Si estáis de acuerdo, he pensado en invitar a mis nuevos vecinos. Les encantan los festivales. 😜

a. ¿Qué es el Benidorm Fest? ....
b. ¿Cuántas personas se van a reunir? ....
c. ¿En qué mes se celebra? ....

d. ¿Qué proponen Jorge y Marina? ....
e. ¿Qué proponen Francesca y Cristina? ....
f. ¿Qué propone Filippo? ....

2. ¿Qué te parece el plan de estos amigos? Elige alguna de estas opciones para reaccionar a sus propuestas aceptando o rechazando, como en el ejemplo. Después, explica la razón de tu opción. Comparte tus resultados en clase.

😄 Bien. ● Muy bien. ● Genial. ● Estupendo. ● Fantástico. ● Me gusta. ● Me encanta.
🙁 Lo siento, pero hoy no puedo. ● Es que no tengo tiempo. ● No me gusta mucho la idea.
😐 Vale. ● OK. ● De acuerdo. ● Bueno. ● Si no hay un plan mejor... ● Pues a mí me da igual.

a. Propuesta de Jorge y Marina: *Genial. Me encantan los festivales.*
b. Propuesta de Francesca y Cristina: ....
c. Propuesta de Filippo: ....

3. Observad los emojis y, en parejas, reaccionad aceptando o rechazando el plan, como en el ejemplo.

😄 a. ¿Por qué no vamos a tomar algo después de clase? Te invito.
🥲 b. ¿Quedamos el fin de semana? Podemos tomar un café el domingo.
😄 c. ¿Por qué no vamos a esquiar el sábado?
🥲 d. ¿Vamos al cine por la tarde? Ponen una película muy divertida.

> ¿Por qué no vamos a tomar algo después de clase? Te invito.

> Lo siento, pero hoy no tengo tiempo.

4. En parejas, observad las fotos y proponed estos planes a otra pareja. ¿Os parecen atractivos? Tenéis que rechazar dos planes y aceptar uno.

Ir de tapas

Visitar una exposición

Jugar a la videoconsola

Salir con los perros

Hacer un pícnic

Ver una película

5. Elige una opción y escribe un breve texto explicando qué le gusta y qué le interesa según su afición (libro de clase, p. 107, ej. 5). Busca un/-a compañero/a con la misma elección y comparad vuestros textos. ¿Qué es diferente?

Alejandra, el deporte

Miguel, el arte

Inés, viajar

Germán, la música

6. En parejas, elegid a uno de estos famosos y proponed un plan atractivo, según sus intereses. Compartid vuestras propuestas en clase. Después, votad la más interesante.

David Muñoz, cocinero español, es uno de los mejores cocineros del mundo. Le gusta hacer deporte, viajar y probar nuevos sabores. Su plato favorito son las croquetas. Tiene varios restaurantes, pero Diver-Xo, en Madrid, es muy famoso.

Ana de Armas es una actriz hispano-cubana. Le interesa el bienestar físico y mental, el cine, la gastronomía, especialmente el *sushi*, viajar y aprender idiomas. Tiene dos perros.

7. Elige uno de estos planes poco atractivos e intenta convencer a tu compañero/a para ir juntos.

a. Ir a un centro comercial a cenar.
b. Ir a una discoteca por la tarde.
c. Ir a un karaoke con gente del trabajo.
d. Ir de excursión con los vecinos.

Las actividades de tiempo libre

1. **¿Has vivido alguna vez alguna de estas experiencias? Relaciona cada una con la imagen adecuada.**
Después, en parejas, añadid dos experiencias nuevas y comentad cuál preferís hacer.

a. un taller de flores secas

b. una ruta en bicicleta

c. una tarde de bolos

d. un paseo a caballo

e. un curso de cocina

f. un taller de cerámica

> Sebastián, ¿te interesa aprender a hacer cerámica? Hay un taller los sábados por la mañana en el centro cultural.

> Es que yo, este año, quiero aprender a tocar la guitarra.

2. **Lee el siguiente texto sobre algunas actividades que puedes hacer en casa durante tu tiempo libre. ¿Te parecen interesantes?**
Coméntalo con tu compañero/a, como en el ejemplo.

Muchas personas no saben qué hacer en casa, pero también hay muchas actividades sencillas para pasar el tiempo. Aquí tienes algunas propuestas:

- **Contactar y conversar.** Puedes hablar con tu familia o con tus amigos y explicarles cómo ha sido tu día. Si no están contigo, puedes llamarles por teléfono o invitarles a tu casa.

- **Leer.** A través de un libro puedes conocer otros mundos y nuevas culturas.

- **Escuchar música.** La música puede acompañarte en los momentos buenos y malos.

- **Bailar.** Es una actividad divertida, haces ejercicio y también sirve para expresar tus emociones.

- **Series o cine.** Ver una serie o una película es una actividad relajante. Puedes verla solo/a o en compañía.

- **Meditación y relajación.** Estas actividades ayudan a reducir el estrés. Solo necesitas un espacio cómodo y tranquilo.

- **Escribir.** Esta actividad desarrolla tu creatividad. Puedes escribir un diario, una historia corta o anotar tus ideas. Ayuda a expresar lo que sientes.

> A mí, conversar con mi familia me parece una buena idea, porque tenemos poco tiempo para estar juntos.

> No sé. Conversar con mi familia no me parece interesante como actividad de tiempo libre.

3. Lee y completa este diálogo con los posesivos adecuados. Comprueba con tu compañero/a. ¿Qué objeto de la foto no aparece en el diálogo? Preguntad y responded de quién es con el posesivo adecuado.

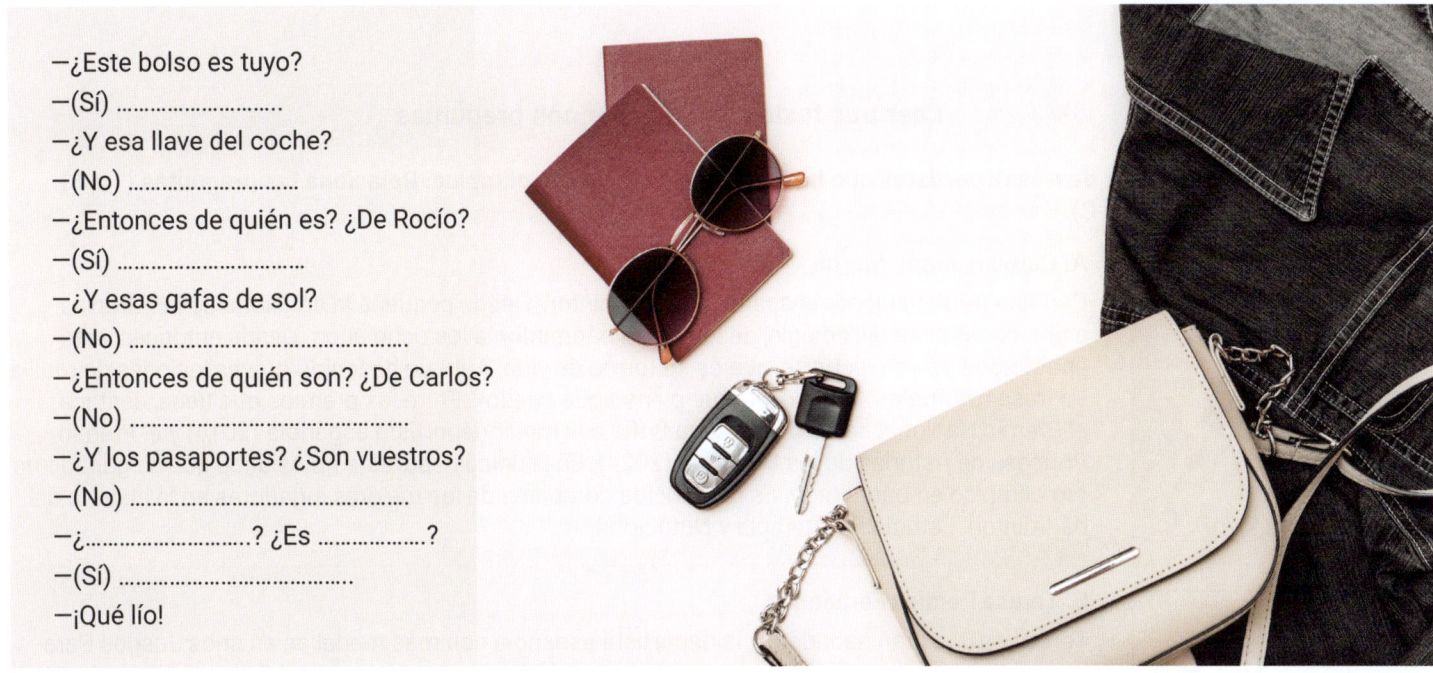

—¿Este bolso es tuyo?

—(Sí) ....

—¿Y esa llave del coche?

—(No) ....

—¿Entonces de quién es? ¿De Rocío?

—(Sí) ....

—¿Y esas gafas de sol?

—(No) ....

—¿Entonces de quién son? ¿De Carlos?

—(No) ....

—¿Y los pasaportes? ¿Son vuestros?

—(No) ....

—¿.........................? ¿Es ....?

—(Sí) ....

—¡Qué lío!

4. Escucha a estas personas y decide de qué objeto están hablando y de quién es. Comprueba tus resultados con tu compañero/a.

	a	b	c
Objeto			
¿De quién es?			

5. En grupos pequeños, elegid una foto, observad los objetos que hay y preparad un diálogo preguntando por cinco objetos. Representadlo en clase.

a.

b.

📖 **COMPRENSIÓN DE LECTURA**

TAREA 3
Leer tres textos y relacionar con preguntas

Vas a leer tres textos de tres deportistas que hablan de su experiencia olímpica. Relaciona las preguntas (1 a 6) con los textos (A, B o C).

A. Carolina Marín Martín

Carolina es una jugadora española de bádminton. Desde pequeña le apasiona bailar. Gracias a una compañera del colegio, descubrió el bádminton a los ocho años. Desde entonces, está enamorada de este deporte, que es su forma de vida. Aunque ha tenido graves lesiones de rodilla, su frase favorita es: «Puedo, porque pienso que puedo». Entre los premios que tiene, destaca el Premio Nacional del Deporte Reina Sofía a la mejor deportista española (2014) y el Premio Princesa de Asturias de los Deportes (2024). Es la única deportista no asiática que ha ganado un oro olímpico en bádminton. Es reconocida como una de las mejores jugadoras en la historia del bádminton. Estudió Fisioterapia y Nutrición.

B. Teresa Perales Fernández

Teresa es una gran nadadora y la deportista española con más medallas en unos Juegos Paralímpicos. A los diecinueve años perdió la movilidad de sus piernas, y decidió cambiar el kárate por la natación. Desde 2023 compite nadando solo con su brazo derecho. Es fisioterapeuta y experta en *coaching* y ha escrito su autobiografía: *Mi vida sobre ruedas.* En los Juegos Paralímpicos de Londres (2010) tuvo el honor de llevar la bandera de España. Es Premio Princesa de Asturias de los Deportes (2021) y tiene el récord paralímpico en 100 metros estilo libre. Con 95 medallas internacionales, ya ocupa un lugar en la historia del deporte junto a Michael Phelps como máximos medallistas olímpicos.

C. María Pérez García

María es especialista en la disciplina de marcha, que empezó a practicar con once años. Ha compaginado sus entrenamientos con estudios en Educación Infantil y Fisioterapia. María es la primera figura del atletismo español en lograr cuatro títulos mundiales, además del Premio Nacional del Deporte Reina Letizia (2024). Ha sido plata en categoría individual (32 km) y oro con Álvaro Martín, en relevo mixto en los Juegos Olímpicos de París (2024). A pesar de su fama mundial, le gusta disfrutar de su pueblo y de su gente, en Granada. Durante la pandemia, se dedicó a ayudar a los más necesitados, demostrando su lado más humano y empático. Su objetivo no es solo ganar, sino superarse a sí misma.

	PREGUNTAS	A Carolina Marín	B Teresa Perales	C María Pérez
1	¿Quién llevó una bandera en unos Juegos Olímpicos?			
2	¿Quién ha participado en competiciones mixtas?			
3	¿Quién no ha tenido graves problemas físicos?			
4	¿Quién es la única deportista occidental en ganar un oro olímpico en su disciplina?			
5	¿Quién empezó antes a practicar deporte?			
6	¿Quién ha publicado un libro?			

EXPRESIÓN E INTERACCIÓN ESCRITAS

TAREA 1
Proponer un plan

Has recibido un mensaje de un amigo sobre los planes para el sábado.

> ¡Hola!, ¿qué tal? ¿Recuerdas que el sábado es el cumpleaños de Miguel? He pensado preparar una fiesta. Tengo la idea de ir a un restaurante italiano que le gusta. ¿Qué te parece? Podemos hacerle un regalo. ¿Quedamos y hablamos?
> Un beso.

Escribe un mensaje a tu amigo. En él tienes que:

- Saludar.
- Reaccionar a su propuesta.
- Decir qué vais a hacer.
- Quedar: día, lugar y hora.
- Despedirte.

Número de palabras recomendadas: entre 60 y 70.

EXPRESIÓN E INTERACCIÓN ORALES

TAREA 2
Descripción de una foto

Tienes que describir la siguiente foto durante 2 o 3 minutos. Puedes hablar de estas cuestiones:

A Quiénes son estas personas y qué hacen.

B Qué ropa llevan.

C Dónde están y qué hay allí.

D Cómo crees que se sienten.

E Qué han hecho antes y qué van a hacer después.

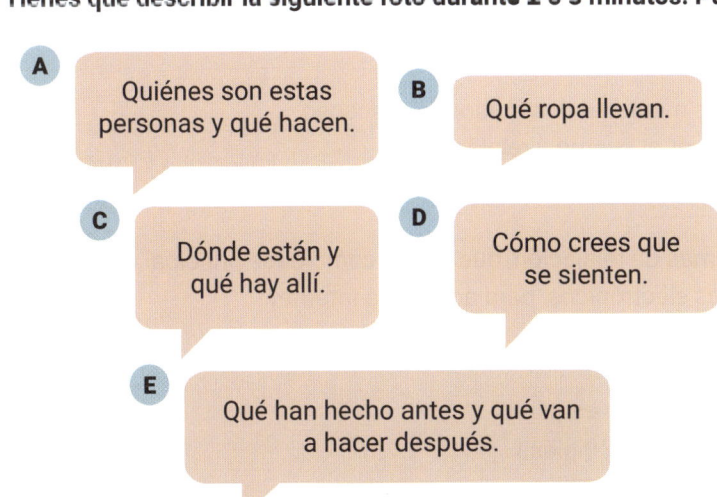

● Alojamientos y servicios

1. Muchos alojamientos y establecimientos públicos se diferencian según su categoría. En parejas, buscad información sobre estas categorías para completar la tabla. Después, responded las preguntas.

	Hoteles/hostales	Restaurantes	Otros
Estrellas			
Estrellas Michelin			
Sol Repsol			
Tenedores			
Tripadvisor			

a. ¿Cuántas estrellas, como máximo, puede tener un establecimiento? ………………..

b. ¿Y el máximo de soles? ………………..

c. ¿Y de tenedores? ………………..

d. ¿En qué países podemos encontrar estrellas Michelin? En …………………………………….

e. ¿Y soles Repsol? En …………………………………....

2. ¿Conoces estas indicaciones? Relaciona cada una con lo que significa. Después, compara con tu compañero/a.

a.   b.   c.   d.   e.   f.   g.

☐ punto de encuentro ☐ salida de emergencia ☐ llamar a los bomberos ☐ utilizar las escaleras
☐ no recoger objetos personales ☐ no utilizar ascensor ☐ pulsar el botón de alarma

3. A veces es importante conocer algunas siglas y palabras de otras lenguas. En parejas, relacionad cada definición con la palabra correspondiente y lengua de origen.

a. Vivienda pequeña situada, generalmente, en lugares naturales destinados al descanso.

b. Tipo de baño de vapor que tiene como objetivo limpiar el cuerpo y relajarse.

c. Vivienda de hielo típica de los esquimales y, también, tienda de campaña de forma semiesférica.

d. Terraza o lugar preparados para tomar el sol.

e. Establecimiento con tratamientos, terapias o sistemas de relajación, que utiliza como base principal el agua.

f. Sistema de conexión inalámbrica, entre dispositivos electrónicos, para acceder a internet.

☐ *bungalow*
☐ *hammam*
☐ iglú
☐ solárium
☐ *spa (salutem per aqua)*
☐ wifi

1. voz o palabra esquimal
2. voz o palabra inglesa
3. voz o palabra latina
4. voz o palabra árabe

● Medios de transporte

4. Lee estas definiciones y escribe el nombre del medio de transporte. Después, escribe otra definición para leerla en clase. Tus compañeros adivinan qué medio de transporte es.

a. Es muy rápido, pero contamina mucho. No puedes llevar mucho equipaje. Necesitas mucha documentación para utilizarlo. A muchas personas no les gusta. ....

b. Tienen camarotes de lujo y puedes utilizarlo muchos días para recorrer lugares diferentes. Pueden transportar a muchas personas. Tienen piscinas, discotecas y restaurantes. ....

c. Puedes dormir cada noche en un sitio diferente. Puedes viajar con tu perro y llevar una bicicleta. Es más barato que otras opciones, porque no necesitas reservar hotel ni comer fuera. ....

d. ....

● Equipaje

5. En parejas, decidid el equipaje apropiado para estos viajes, como en el ejemplo. Comparad con otra pareja. ¿Coincidís?

a. Un mes en un viaje en barco por el Mediterráneo.

b. Un fin de semana en una ciudad.

c. Un viaje de una semana a otro país en avión.

d. Quince días en casa de tus padres.

e. Un viaje de trabajo de una semana.

f. Un mes en un pueblo de playa con dos niños pequeños y un perro.

> Yo creo que, para un viaje tan corto, solo necesitas una mochila.

6. En parejas, escribid qué indica cada imagen y ordenad un viaje de forma lógica. Hay varias opciones. Añadid dos acciones más que consideráis importantes. Comentad vuestra propuesta en clase.

☐ ....

☐ ....

☐ ....

☐ ....

☐ ....

☐ ....

7. Ahora, completa las frases con la palabra o palabras que faltan. Comprueba con tu compañero/a.

a. Tenemos que estar en la estación a las 10:30, porque el tren .... a las 11:00.

b. Llevo el .... de tren en la mochila, para no olvidarlo en casa.

c. Lo siento, pero no tenemos su ...., y no hay habitaciones libres en el hotel.

d. Siempre es más barato comprar un billete .... que solo de ida.

e. Nunca llevo mucho ...., porque prefiero no .... las maletas.

f. Vaya, han anunciado que el vuelo .... media hora. Podemos esperar en la cafetería.

Un viaje cultural

1. Durante los viajes culturales es frecuente asistir a diferentes tipos de fiestas. Observa estas fotos y escribe el nombre de la fiesta que representan. ¿Conoces alguna? ¿Cuál te parece más interesante?

Fiestas de San Fermín	Carnaval	Feria de Abril	Fallas

.... de Santa Cruz de Tenerife

.... de Valencia

.... de Sevilla

.... de Pamplona

2. Lee qué hizo Bruno durante su estancia en España. Elige el verbo adecuado y completa con el nombre de la fiesta que falta. Después, comprueba tus resultados en clase.

El año pasado, durante mi Erasmus en España, *decidí/preferí* conocer algunas de las fiestas más famosas. Así que *compré/programé* un viaje cultural y *viajé/visité* diferentes ciudades para asistir a sus fiestas más importantes. Después de hablar con unos amigos, *elegí/viajé* empezar por Tenerife para conocer su famoso .... La verdad es que me *gustó/fue* muy interesante ver qué diferentes son las fiestas de España e Italia. Al mes siguiente, en marzo, *caminé/fui* a Valencia para ver en directo el espectáculo de las ...., que se celebran cada año del 1 al 19 de marzo. La experiencia *fue/pensé* increíble, *me encantó/no me gustó* ver los ninots (figuras que componen una falla). Es un arte.

Al mes siguiente, en abril, unos compañeros de clase y yo *decidimos/fuimos* a Sevilla, a disfrutar de su famosa .... *Hicimos/Recorrimos* muchas cosas: *probamos/nos gustó* algunos platos tradicionales, *vimos/visitamos* a muchas personas con los trajes típicos y *escuchamos/disfrutamos* de la música y del baile. Finalmente, antes de volver a Italia, *dijimos/decidimos* viajar al norte para disfrutar de una de las fiestas españolas más famosas, las .... (o sanfermines), en Pamplona, que se celebran del 6 al 14 de julio. Es una fiesta única. Como es tradición, *usamos/llevamos* pañuelos rojos y camisas y pantalones blancos. Nunca voy a olvidar el tiempo que *hice/pasé* en España.

3. Aquí tienes algunas imágenes de fiestas famosas en Hispanoamérica. En parejas, buscad información y completad con los datos que faltan. Compartid vuestros resultados en clase.

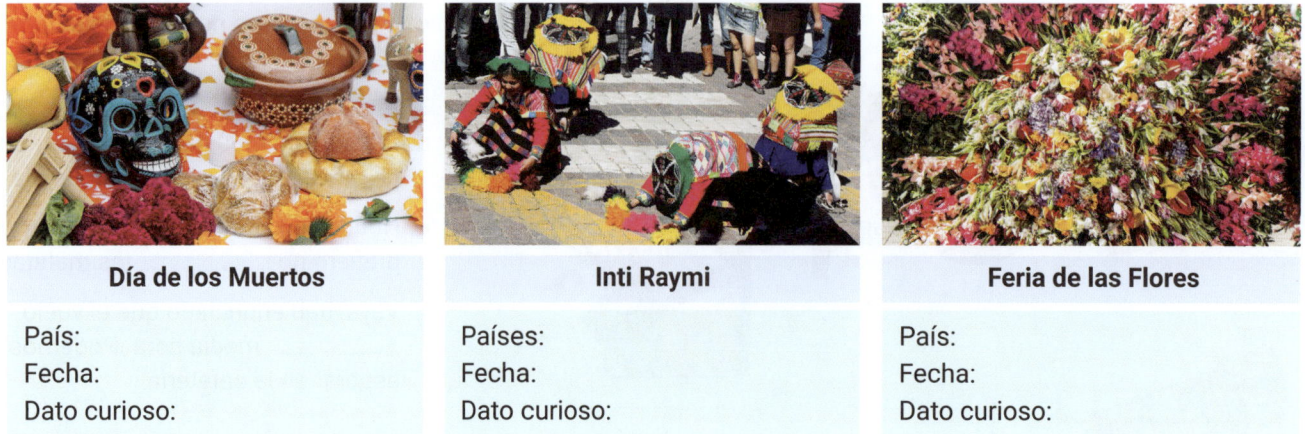

Día de los Muertos	Inti Raymi	Feria de las Flores
País:	Países:	País:
Fecha:	Fecha:	Fecha:
Dato curioso:	Dato curioso:	Dato curioso:

4. Ahora, lee este folleto sobre Zamora e imagina que hiciste un viaje a esta ciudad durante el fin de semana. Redacta un texto contestando las preguntas siguientes y compártelo en clase.

¡Bienvenidos a Zamora!

Una provincia llena de historia, naturaleza, fiestas y buena comida. Un lugar tranquilo, con cielos perfectos para ver estrellas.

Lugares

Zamora capital: Si te gustan las ciudades antiguas, con calles estrechas y muchas iglesias, Zamora es tu destino. Una ciudad que invita a pasear mientras ves su catedral o recorres su castillo. También puedes disfrutar de su famosa gastronomía.

Lago de Sanabria: ¿Te gusta ver pájaros, pasea, y disfrutar del sol y los deportes de agua? Todo es posible aquí.

Los Arribes del Duero: Si buscas naturaleza, en este lugar, donde el río pasa entre montañas muy altas, puedes disfrutar de un fantástico paseo en barco.

Fiestas

La Semana Santa de Zamora es una fiesta única, reconocida como Fiesta de Interés Turístico Internacional y Bien de Interés Cultural.

- Cuándo fuiste y con quién
- Dónde os alojasteis
- Qué hicisteis cada uno de los días
- Qué comisteis
- Qué os pareció el viaje

....
....
....
....
....
....
....

5. Christophe estuvo un año en España estudiando español y anotó sus deseos. Decide qué hizo y qué no hizo y escribe su experiencia. Compara tu texto con el de tu compañero/a. ¿Qué diferencias hay entre su experiencia y la tuya? Coméntalo en clase.

☐ Aprender español
☐ Viajar a otras ciudades
☐ Conocer gente de otros países
☐ Aprender a cocinar platos típicos
☐ Hacer fiestas
☐ Estudiar mucho
☐ Aprender algunas costumbres

Escapada de relax

1. El fin de semana, Inés y su amiga fueron a la playa. Observa las fotos, ordénalas y escribe qué hicieron usando estas expresiones. Después, escribe un final para la historia. Cuenta tu final en clase.

en agosto ● primero ● después ● luego ● por la mañana/tarde/noche ● finalmente

....

....

....

....

2. Ahora, completa este diálogo con las preguntas adecuadas para estas respuestas. Después, relaciona cada parte del diálogo con la imagen correspondiente. Compara con tu compañero/a.

a. – ....

–Fuimos en tren hasta la capital y luego en autocar hasta nuestro destino.

b. – ....

–Reservamos un hotel en un pequeño pueblo, precioso, y no lejos de la ciudad.

c. – ....

–Lo que más nos gustó fue el ambiente tranquilo y las calles estrechas. No había mucha gente.

d. – ....

–Desayunamos siempre en el hotel y comimos y cenamos en las terrazas del pueblo. Pero una noche nos recomendaron un restaurante y decidimos ir.

e. – ....

–No. Pedimos pescado, la especialidad, y no nos gustó mucho.

f. –...

–En total estuvimos cinco días.

3. Ángela y Javier fueron de vacaciones y escribieron a sus amigos este correo. Léelo y completa el texto con los verbos en pretérito perfecto simple. Después, comprueba con tu compañero/a.

En agosto .... (decidir) viajar a Costa Rica para vivir una gran aventura. No .... (reservar) un viaje organizado y .... (ir) solos. .... (Pasar) allí diez días estupendos.

Primero, ... (ir) al parque nacional Tortuguero. Allí .... (ver) perros y les .... (hacer) fotos. .... (Hacer) un pequeño recorrido en autobús por el parque. Por la noche, ... (caminar) por la playa y .... (ver) unos pájaros preciosos.

Después, ... (ir) al volcán Arenal. Allí .... (hacer) senderismo por el bosque. Lo más terrible .... (ser) la tirolina, no me gustó nada. .... (Volar) entre los árboles a mucha velocidad.

Para terminar el viaje, ... (visitar) la costa del Pacífico para hacer surf. .... (Aprender) muy rápido y .... (poder) surfear las olas sin problema. .... (Encantar, a nosotros) la experiencia.

Siempre .... (tomar) comida típica y .... (gustar, a nosotros) mucho y también .... (conocer) a gente muy amable. ¡Pura vida!

Todo .... (ser) perfecto, los aviones .... (salir) puntuales y el equipaje .... (llegar) bien. .... (Ser) el mejor viaje de nuestra vida, ... (disfrutar) de la naturaleza e .... (hacer) cosas muy diferentes.

C

La expresión *Pura vida* se usa en Costa Rica en muchas ocasiones y significa que todo está bien.

4. Pero Ángela y Javier no contaron la verdad. Observa las fotos que hicieron y, en parejas, escribid las frases que son verdad, como en el ejemplo.

a. *En el parque nacional Tortuguero hicieron fotos a las tortugas.* ....
b. ....
c. ....
d. ....
e. ....
f. ....

5. En grupos de tres. Piensa en un viaje que te gustó y en las cosas que pudiste hacer (o no), pero introduce dos datos falsos. Tus compañeros tienen que adivinar cuáles son.

 COMPRENSIÓN AUDITIVA

TAREA 2
Escuchar anuncios de radio y marcar la opción correcta

Vas a escuchar seis anuncios de radio. Cada anuncio se repite dos veces. Después, marca la opción correcta (a, b o c), para cada pregunta (1-6). Ahora vas a oír un ejemplo.

0. Según la audición, Viaja a tu medida...

   a. tiene furgonetas para más de siete pasajeros.

   b. alquila caravanas de diferentes tamaños.

   c. vende caravanas de distintos tamaños.

La opción correcta es la **b**, porque Viaja a tu medida ofrece caravanas de alquiler.

1. En Mochileros con ruedas...

   a. recogen el equipaje en casa de los clientes.

   b. te esperan al final del Camino con el equipaje.

   c. llevan el equipaje de un alojamiento a otro.

2. En escapadas.com organizan salidas si...

   a. contactas con ellos un mes antes.

   b. les escribes un correo.

   c. les envías la fecha del viaje.

3. Entre cielo y tierra organiza actividades para...

   a. familias.

   b. solteros y solteras.

   c. parejas sin hijos.

4. Salute per aqua trabaja con...

   a. centros médicos.

   b. *bungalows.*

   c. balnearios.

5. Gastroturismo organiza...

   a. comidas de amigos.

   b. cenas familiares.

   c. comidas y cenas.

6. Para alojarse en un parador hay que...

   a. reservar a través de su web.

   b. reservar por WhatsApp.

   c. llamar por teléfono directamente.

TAREA 2
Escribir sobre un viaje

Daniel ha hecho un viaje durante este verano. Estas son algunas fotos de ese viaje.

Tienes que escribir un texto sobre Daniel hablando de:

- Adónde fue y cuándo.
- Con quién fue y dónde se alojó.
- Qué actividades hicieron.
- Cómo fue su experiencia.

Número de palabras recomendadas: entre 70 y 80.

TAREA 2
Monólogo breve

Tienes que hablar durante 2 o 3 minutos sobre el tipo de viaje que prefieres. Durante la presentación tienes que hablar de:

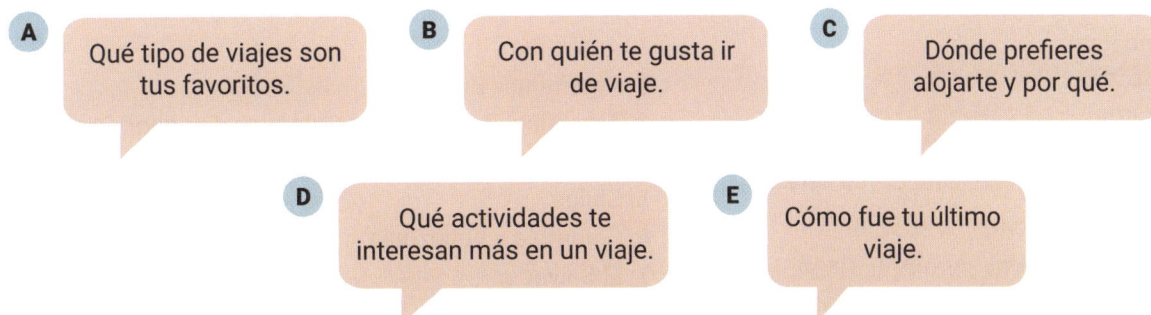

A Qué tipo de viajes son tus favoritos.

B Con quién te gusta ir de viaje.

C Dónde prefieres alojarte y por qué.

D Qué actividades te interesan más en un viaje.

E Cómo fue tu último viaje.

11 Maravillas naturales

Palabra por palabra

● **Paisajes naturales**

1. Observa las imágenes y escribe el nombre de cada paisaje. ¿Cuál es tu favorito?

a. ....

b. ....

c. ....

d. ....

e. ....

f. ....

g. ....

h. ....

i. ....

2. Ahora, lee estos diálogos para completarlos con las siguientes palabras. Además, elige la opción correcta. Comprueba tus resultados en clase.

bosque ● campo ● desierto ● isla ● montaña ● playa ● selva ● volcán
plantas (2) ● árboles (3) ● flores ● arena ● agua

a. Diálogo entre el b..................... y la s.................:
   —¡Qué *grande/pequeña* eres! ¡Tienes muchas p................. y á...................!
   —Pero tú tienes á..................... más *altos/bajos* que los míos.

b. Diálogo entre un c........................ y un d.......................:
   —¡Qué suerte tienes! Porque tienes *cerca/lejos* pueblos y ciudades, y en tu suelo crecen ¡f.............., p................. y á................... diferentes!
   —Tú también tienes suerte, porque vives *cerca/lejos* de las personas y *muchos/pocos* vienen a causarte problemas.

c. Diálogo entre una i................. y una p.....................:
   —¡Qué *grande/pequeña* eres! Tienes mucha a................... y a la gente le gusta pasar el día contigo.
   —Tú también tienes suerte, porque tienes a..................... alrededor y estás más *limpia/sucia* que yo.

d. Diálogo entre una m..................... y un v....................:
   —¡Qué suerte tienes, porque sabes qué hay en tu *exterior/interior*!
   —Tú también tienes suerte, porque eres más *alta/baja* que yo y estás más *cerca/lejos* de las nubes.

3. En parejas, buscad información sobre estos paisajes naturales de América para relacionar las columnas. Comprobad vuestros resultados en clase. ¿Conocéis alguno?

a. Aconcagua	cascada	1. Argentina
b. Amazonas	cataratas	2. Argentina y Brasil
c. Atacama	cordillera	3. Argentina, Bolivia, Chile, Colombia, Ecuador, Perú y Venezuela
d. Coatepeque	desierto	4. Brasil, Colombia y Perú
e. Iguazú	glaciar	5. Chile
f. Los Andes	lago	6. Colombia y Venezuela
g. Orinoco	montaña	7. El Salvador
h. Perito Moreno	río	8. Perú
i. Salto Ángel		9. Venezuela
j. Vinicunca		

● Animales domésticos y salvajes

4. ¿Qué animales puedes ver en esta imagen?
   En parejas, escribid sus nombres. ¿Cuántos
   son domésticos y cuántos salvajes?

5. Lee las descripciones y, en parejas, completad con el nombre del animal adecuado. Después, pensad en otro
   animal famoso y describidlo. La clase tiene que adivinar qué animal es.

   a. Puede volar, porque tiene unas orejas muy grandes. Aparece en una película de Disney: ....
   b. Son guerreros Ninja en una película de dibujos animados: ....
   c. Si le das un beso, puede convertirse en un príncipe: ....
   d. El primer ser vivo que viajó a la Luna: ....
   e. ....

6. Ordena las frases para descubrir qué animal es. Comprueba con tu compañero/a.

   a. patas / huevos / Tiene / pone / ocho / y
      ....
      ....
   b. da / lana / Es / leche / blanca / y / y
      ....
      ....
   c. huevos / no / y / Vive / el / pone / mar / en
      ....
      ....
   d. y / no / Tiene / rápido / colores / muchos / vuela
      ....
      ....

7. En parejas, escribid el nombre de estos animales y dos características de cada uno.
   Completad vuestra información con la de otra pareja.

a.
Nombre: ....
....
....

b.
Nombre: ....
....
....

c.
Nombre: ....
....
....

d.
Nombre: ....
....
....

8. En grupos. Uno piensa en un animal y el resto tiene que adivinar cuál es haciendo preguntas, como en el
   ejemplo. La respuesta solo puede ser *sí* o *no*. Quien acierte piensa en otro animal.

   ¿Vive en el mar?   No.

Nos movemos por la naturaleza

1. Todos podemos disfrutar de la naturaleza, pero también debemos protegerla. En parejas, ordenad la información. Después, resumid el texto y leed vuestro resumen en clase.

El fuego y el bosque

a. 1) por causas naturales (una tormenta, calor extremo o una sequía)

b. Pero los incendios se producen, sobre todo, por dos razones:

c. Somos conscientes, también, de que muchos árboles, flores y plantas y muchos

d. animales pueden sobrevivir o volver a crecer después de un fuego.

e. que los incendios han sido siempre importantes para formar la biodiversidad.

f. Sabemos dos cosas: una, que el fuego es algo natural y siempre ha tenido una función ecológica, y otra,

g. y 2) por causas humanas (un accidente, falta de cuidado...) pero, tristemente, a veces los incendios son intencionados.

1	2	3	4	5	6	7
f						

2. Ahora, en grupos de tres, responded a estas preguntas según vuestra opinión.

a. En tu país, ¿son frecuentes los incendios? ¿Por qué causas?

b. ¿Qué piensas cuando hay un incendio en un bosque?

c. En tu opinión, ¿cuál es la causa más común de los incendios? ¿Por qué?

d. ¿Crees que las personas son responsables de la mayoría de los incendios? Justifica tu respuesta.

e. ¿Piensas que los incendios se pueden evitar fácilmente? Explica tu opinión.

f. Según tú, ¿qué podemos hacer para reducir los incendios en los bosques?

3. En grupos de tres, completad este manifiesto para proteger los bosques de los incendios y, en consecuencia, los hábitats naturales. Compartid vuestras propuestas en clase.

MANIFIESTO POR LA DEFENSA DE LOS HÁBITATS NATURALES

1. Creemos que ....

2. Pensamos que ....

3. Consideramos que ....

4. Estamos de acuerdo con ....

5. No estamos de acuerdo con ....

Firmamos el presente manifiesto en...

(Lugar) _____, (día del mes) __ de _____ (mes del año) de ____ (año)

4. El siguiente texto habla sobre la vida de los animales en el zoo. Léelo y, en parejas, completad la información relacionando las palabras de la tabla con argumentos del texto, como en el ejemplo.

Los zoos son un lugar seguro para muchos animales que ya no pueden vivir en estado salvaje, porque su hábitat natural ha desaparecido. También en los zoos salvan la vida de algunos animales, los protegen con programas especiales y los animales enfermos reciben atención de los veterinarios. Los científicos los estudian para entender su salud y su comportamiento. Además, los niños y los adultos pueden aprender mucho sobre los seres vivos (animales y plantas), porque pueden

conocer animales que viven en otros continentes. Por último, visitar un zoo siempre es un buen plan para ir con la familia y pasar un día divertido.

Sin embargo, existen opiniones en contra de los zoos, porque en muchos de ellos los animales viven en espacios pequeños, y esto les causa estrés y tristeza. A veces, el clima de la ciudad no es positivo para el animal, porque no es su hábitat natural. Además, en los zoos no son libres y hay ruido por causa de los visitantes, por eso a veces están nerviosos y hacen cosas extrañas. Muchas personas no están de acuerdo con estos lugares, porque piensan que los animales no tienen que divertir a la gente ni participar en espectáculos donde tienen que hacer actividades que no hacen en sus lugares de origen.

A favor	En contra
Educación. *Niños y niñas pueden conocer animales que viven en otros continentes.*	Falta de libertad.
Conservación.	Estrés.
Diversión.	Falta de ética.
Cuidados médicos.	Hábitat artificial.

5. Ahora, en grupos de tres, compartid vuestra opinión y comentad si estáis a favor y o en contra de lo que dice el texto anterior.

> Yo creo que los zoos ayudan a muchos animales enfermos y así pueden vivir más.

> Estoy de acuerdo. Hay animales que no pueden vivir en libertad cuando están enfermos.

6. En grupos, comentad estas cuestiones sobre la naturaleza y los animales. Opinad sobre estos temas y comentad vuestras conclusiones en clase.

a. ¿Has estado alguna vez en un zoo? ¿Qué piensas de estos lugares?

b. ¿Conoces alguna asociación protectora de la naturaleza o los animales? ¿Estás de acuerdo con las acciones que realizan?

c. ¿Qué tres acciones se pueden hacer para mejorar el medio ambiente de tu ciudad?

El trabajo comunitario

1. El café de especialidad está de moda por diferentes causas. Relaciona cada una de ellas con su significado.

a. beneficios nutricionales
b. café de especialidad
c. calidad
d. moda

1. Práctica aceptada por mucha gente.
2. Producto de alta calidad.
3. Resultados positivos para la alimentación y la salud.
4. Valoración positiva que hace un número importante de personas sobre un producto.

2. Completa ahora este texto sobre el café de especialidad en pretérito perfecto simple (PPS) y en pretérito perfecto compuesto (PPC). A veces, las dos opciones son posibles.

El café siempre .... (ser) una bebida popular, pero alrededor de 1960 .... (empezarse) a hablar por primera vez del café de especialidad en Estados Unidos. En esa época, un grupo de consumidores y productores .... (comenzar) a interesarse por los cafés de alta calidad y a valorar las características únicas de cada origen de la variedad (100 % arábica), procedentes de Etiopía, Kenia, Brasil, Colombia, etc. El café de especialidad .... (aparecer) como una opción diferente al café normal de los supermercados, que tenía una calidad más baja.
.... (Ser) la noruega Erna Knutsen quien .... (utilizar) por primera vez el término *café de especialidad* en una revista sobre té y café.

En ese momento, la cultura del café de especialidad .... (empezar) a crecer gracias a la creación de la Specialty Coffee Association (SCA), en 1982. La SCA .... (nacer) gracias a personas interesadas en ofrecer un producto de buena calidad y en valorar tanto el café como el trabajo de las personas que lo producen. El café de especialidad .... (crecer) mucho en los últimos años, sobre todo entre gente joven que quiere tomar un café mejor y con un origen claro. Por eso, las personas que pueden pagar un café de especialidad buscan, además de un buen sabor, conocer si las personas que .... (trabajar) en todo el proceso .... (ser) tratadas de forma justa.

3. Ahora, en parejas, contestad estas cuestiones sobre el texto anterior.

a. ¿De qué habla el texto? ....
b. ¿Por qué el café de especialidad es diferente? ....
c. ¿Cómo y cuándo empezó la moda del café de especialidad? ....
d. ¿Qué características tiene este café? ....
e. ¿Qué es la Specialty Coffee Association (SCA) y por qué se creó? ....
f. ¿Por qué hay personas que prefieren comprar café de especialidad? ....

4. En grupos de tres, hablad sobre estas cuestiones. Compartid vuestras opiniones en clase.

a. ¿Te gusta el café o prefieres otra bebida especial? ¿Por qué?
b. ¿Prefieres un café barato o uno de mejor calidad?
c. ¿Has tomado alguna vez un café de especialidad? ¿Qué opinas?
d. ¿Te importa pagar un poco más si el producto es bueno?
e. El café de especialidad: ¿crees que es una moda o que va a existir siempre en el futuro?

5. Completa estas frases con los marcadores de tiempo apropiados. Hay varias posibilidades. Compara con tu compañero/a.

este fin de semana ● el año pasado ● hace dos años ● este mes ● siempre ● esta semana ● hasta hoy
en el pasado ● el domingo pasado ● en 2025 ● en estos últimos años

a. En la asociación hemos quedado ………………………… para limpiar la playa. Si tienes tiempo, puedes venir a ayudarnos un día o los dos.

b. ………………………… la sociedad no se preocupó mucho por la naturaleza, pero ………………………… en todos los programas políticos aparecen temas como el medio ambiente, el cambio climático, etc.

c. …………………………, la gente del barrio aprovechó el día libre para limpiar el parque.

d. ………………………… empezamos a interesarnos por los pájaros y ahora siempre vamos de vacaciones a un lugar donde podemos observarlos.

e. La naturaleza ………………………… ha sido importante para las personas que viven en el campo.

f. …………………………, un grupo de voluntarios plantó muchos árboles en el bosque y ahora están preciosos.

g. Ha llovido mucho ………………………… y ahora el río tiene mucha agua.

h. ………………………… colaboré con una asociación para cuidar animales y fue una gran experiencia. Este año voy a participar otra vez.

i. Muchas comunidades indígenas han mantenido sus tradiciones vivas …………………………

j. ………………………… hemos empezado a asistir a un taller para aprender a conservar mejor algunas plantas.

6. En parejas, elegid una de estas actividades para un fin de semana y escribid un texto contando lo que hicisteis según los puntos indicados.

limpiar una playa

ir de excursión a la montaña

observar animales

- Qué hicisteis.
- Dónde fuisteis.
- Cómo llegasteis allí.

- Dos detalles sobre la actividad.
- Algo positivo y algo negativo.
- Una valoración general de la experiencia.

7. Piensa por un momento en los temas que has visto en esta unidad y habla con tu compañero/a sobre las siguientes cuestiones.

a. ¿Qué tres cosas has empezado a hacer este año?

b. ¿Qué no vas a volver a hacer nunca? ¿Por qué?

c. ¿Qué acabas de hacer antes de entrar en clase?

d. ¿Hay algo que quieres hacer y no has empezado todavía?

TAREA 3
Leer tres textos y relacionar con enunciados

Vas a leer tres textos que hablan de tres personas que trabajan o han trabajado en el campo o con animales. Relaciona las preguntas (1 a 6) con los textos (A, B o C).

A. Antonio Sánchez Sanz

Siempre me han gustado los animales y he querido ser veterinario. En mi casa, cuando era pequeño, mis hermanos y yo tuvimos de todo: tortugas, perros, gatos, serpientes, conejos. Estudié en la universidad, saqué el título de veterinario y mis primeros trabajos fueron en granjas de vacas de leche. Viví en el campo y fui muy feliz unos años, pero con la crisis cerraron muchas granjas, por eso, decidí mudarme a la ciudad. Ahora trabajo en una clínica y solo veo perros, gatos y pájaros; no está mal, pero me gustan más otro tipo de animales. Lo que menos me gusta es que muchos clientes piensan que los animales son como las personas y no es raro ver perros en cochecitos o asistir a fiestas de cumpleaños de mascotas. Por eso he pensado en volver al campo otra vez.

B. Carmen Pérez García

Después de terminar mis estudios universitarios en Dirección y Administración de Empresas, decidí que no quería trabajar en una oficina (demasiado estrés), así que pensé en cambiar de vida y, como me gustan los animales y la naturaleza, comencé a cuidar animales: primero como voluntaria en un refugio y ahora como trabajadora. En el refugio ayudamos a perros, gatos y otros animales abandonados. Me encanta pasar tiempo con ellos. Mis favoritos son los perros grandes, porque son muy cariñosos. Una vez tuve un problema con un perro muy nervioso. Cuando salimos a pasear, empezó a correr muy rápido y casi tenemos un accidente. Ahora estoy muy contenta con mi trabajo. Me gusta estar al aire libre y ayudar a los animales.

C. Félix Castillo Losada

Empecé a llevar la granja cuando mi padre se jubiló. He vivido siempre en el campo, en la casa familiar, y adoro a los animales, por eso estudié Técnico Superior en Sanidad Animal en el instituto. Al principio fue muy duro, tuve que trabajar y estudiar al mismo tiempo, pero ahora ya he terminado y solo me dedico a la granja. He querido actualizar los medios de producción de leche y he gastado mucho dinero. Ahora la granja funciona muy bien y estoy contento. He decidido mejorar la vida de las vacas, por eso les pongo música y les doy masajes. Desde que empecé a hacerlo ha mejorado la calidad de la leche y mis vacas y yo somos muy famosos en toda la comunidad.

	PREGUNTAS	A Antonio Sánchez	B Carmen Pérez	C Félix Castillo
1	¿Quién cambió de casa?			
2	¿Quién no trabajó en una granja?			
3	¿Quién vende leche?			
4	¿Quién cambió su profesión?			
5	¿Quién no estudió en la universidad?			
6	¿Quién vive en la ciudad?			

TAREA 1

Quedar con un/-a amigo/a

Has recibido un correo electrónico de un amigo que te pregunta por tu viaje.

Hola, Belén:
¿Qué tal estás? ¿Ya has vuelto del viaje? Yo acabo de volver de vacaciones, así que ¿cuándo nos vemos? Hoy me he acordado de ti porque he empezado a ir a clases de teatro. Ya sabes cuánto me gusta. ¿Por qué no vienes conmigo?
Un abrazo,
Santiago

Enviar

Escribe un correo a tu amigo. En él tienes que:

- Saludar.
- Contarle algo de tu viaje.
- Quedar con él un día a una hora.
- Aceptar/Rechazar su propuesta.
- Despedirte.

Número de palabras recomendadas: entre 60 y 70.

TAREA 2

Descripción de una foto

Tienes que describir la siguiente foto durante 2 o 3 minutos. Puedes hablar de estas cuestiones:

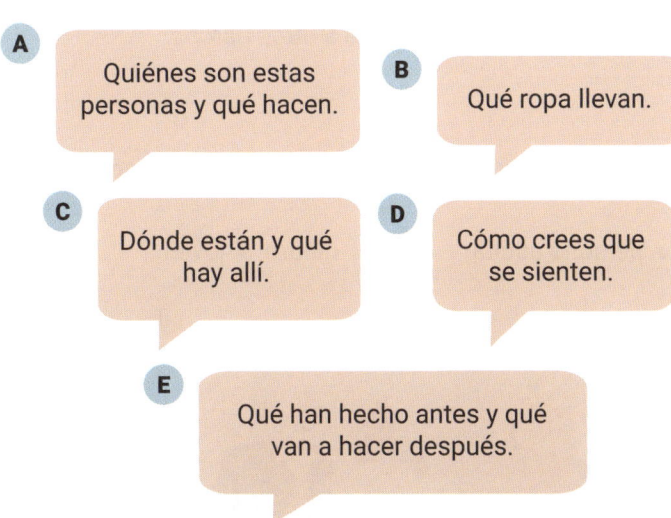

A Quiénes son estas personas y qué hacen.

B Qué ropa llevan.

C Dónde están y qué hay allí.

D Cómo crees que se sienten.

E Qué han hecho antes y qué van a hacer después.

12

El paso del tiempo

● Describir personas

1. Relaciona cada descripción con el personaje adecuado. Añade dos elementos más a cada descripción.
Después, en parejas, describidlos con los verbos adecuados, como en el ejemplo.

a. pelo rojo, nariz redonda y roja, grandes zapatos, ..., ...
b. barba larga y bigote, sombrero, camiseta azul y blanca, ..., ...
c. gorro azul, pelo blanco y largo, barba larga, ..., ...
d. falda corta y camiseta gris, botas grises, ..., ...
e. alta, sombrero grande y azul, pendientes grandes, ..., ...
f. pendiente, gorra, pelo corto, ..., ...

> El payaso tiene el pelo rojo y una nariz redonda y roja. Lleva grandes zapatos y...

2. Ahora, relacionad cada personaje anterior con su definición. Completad la información que falta.

a. ....
b. modelo
c. mago
d. ....
e. pirata
f. payaso

1. Artista de circo que hace reír a todos.
2. Persona que practica la magia y hace trucos increíbles.
3. ....
4. Trabaja en pasarelas como imagen para marcas o diseñadores, y publicidad.
5. Personaje que buscaba tesoros y robaba a otros barcos.
6. ....

3. Observad las imágenes: ¿quiénes son y qué están haciendo? Comentad en qué etapa de la vida creéis que están y qué edad pueden tener. ¿Por qué?

persona mayor ● adolescente ● persona adulta ● bebé ● niño/a ● joven

a.   b.   c.   d.

e.  **f.**  **g.**  **h.**

● Los objetos y sus características

4. En parejas, observad la imagen y describid lo que veis con algunos de estos adjetivos.

grande ≠ pequeño/a
largo/a ≠ corto/a
alto/a ≠ bajo/a
estrecho/a ≠ ancho/a
viejo/a ≠ nuevo/a
antiguo/a ≠ moderno/a
cuadrado/a ☐
redondo/a ○
triangular △
rectangular ☐

5. En parejas, completad con el nombre de dos objetos. Decidid si son dispositivos (D), aparatos (A) o utensilios (U). Después, con otra pareja, haced preguntas, como en el ejemplo, para adivinar qué objetos son.

material	objetos		tipo de objeto
a. tela	....	....	(__)
b. cristal	....	....	(__)
c. plástico	....	....	(__)
d. madera	....	....	(__)
e. piel	....	....	(__)
f. metal	....	....	(__)

¿Es un utensilio? — Sí.
¿Es de cristal? — Sí.
¿Sirve para beber? — Sí.
¿Es un vaso? — ¡Sí!

6. Lee estas definiciones misteriosas y piensa de qué objeto se trata. Compara con tu compañero/a. Después, escribid una para contarla en clase y ver si la adivinan.

a. Si no funciona, tienes que coger el autobús o el tren, o ir andando.
b. Electrodoméstico que *come* calcetines.
c. Dispositivo que miramos constantemente, más que a los amigos.
d. Sin él no podemos levantarnos por la mañana.

¡Cómo hemos cambiado!

1. Igual que cambia la sociedad, cambian las personas. Relaciona las columnas para saber cómo era Inés antes y cómo es ahora. ¿Y tú has cambiado mucho físicamente? Coméntalo en clase.

Cuando era pequeña, Inés…	y, actualmente,
a. tenía mucho pelo	1. le gusta su color de pelo.
b. no llevaba gafas	2. le gusta ser como es.
c. sonreía mucho	3. es bastante seria.
d. era más alta de lo normal	4. no es baja, pero tampoco es alta.
e. decía que quería ser rubia	5. necesita gafas para todo.
f. pensaba mucho en los demás	6. tiene muchos amigos.
g. quería ser diferente	7. también piensa en ella.
h. jugaba poco con amigos	8. tiene poco pelo.

2. Lee cómo era Inés con veinte años, según sus abuelos, y completa el texto en pretérito imperfecto. Comprueba tus resultados con tu compañero/a.

Cuando .... (tener, yo) veinte años, mis abuelos, cuando me .... (ver), me .... (decir) que no me (reconocer) ....
Según ellos, de pequeña, ... (ser, yo) una niña muy tranquila y simpática, que .... (escuchar) a todos y que no (dudar) .... de lo que ellos me .... (contar). También me .... (decir) que, cuando .... (ser) niña, ... (estar) un poco preocupados, porque no .... (salir) mucho de casa a jugar con mis amigas y que .... (preferir) leer y cocinar con mi abuela. .... (Decir) que entonces .... (ser) muy buena y que siempre .... (querer) estar con ellos. Me .... (contar, ellos), también, que .... (ser, yo) muy generosa y que .... (sentirse, ellos) felices cuando .... (preocuparse) .... por mi familia, por mis amigos y compañeros y, en general, por toda la gente. Recuerdo que les .... (decir, ellos) a sus amigos que .... (pensar, ellos) que mi papel en este mundo .... (ser) el de ayudar a los demás, pues una de mis ideas .... (ser) trabajar en alguna ONG.

3. Relaciona y completa las frases con el verbo adecuado para saber cómo ha cambiado Inés. ¿Tu carácter también ha cambiado? ¿Cómo? Coméntalo en clase.

comer ● decir ● visitar ● pensar ● ser ● hablar

Antes, Inés…	ahora…
a. .... a sus abuelos frecuentemente,	1. piensa en viajar más y estar con su pareja y su perro, porque ya ha estudiado muchos años.
b. no .... carne, porque .... vegetariana,	2. muchas veces utiliza palabras poco educadas.
c. solo .... en aprender cosas nuevas cada día,	3. no responde a sus llamadas ni se acuerda de escribirles.
d. no .... palabras *feas*, cuando ....,	4. solo piensa en las cosas negativas de la vida.
e. .... una persona muy optimista,	5. toma carne cinco días a la semana.

4. En grupos de tres, explicad tres cambios personales (dos verdaderos y uno falso). Tus compañeros/as tienen que adivinar cuál es falso.

Antes tenía el pelo de color rosa; no me gustaba el café y vivía en una casa con cinco gatos.

Creo que la tercera es falsa. No vivías en una casa con cinco gatos.

5. Observa estas imágenes y, en parejas, escribid con estos marcadores temporales cómo era la vida antes y cómo es ahora. Compartid vuestros resultados en clase.

en ese tiempo • entonces • en aquella época • cuando • actualmente • hoy • en aquellos años

antes · ahora

a. ....

b. ....

c. ....

d. ....

6. Lee y completa este texto sobre cómo eran antes las vacaciones de muchos españoles y compáralas con las tuyas. Explica en clase dónde ibas, con quién y qué hacías.

Hace cincuenta años, las vacaciones .... diferentes, porque solo .... viajar las personas que .... mucho dinero. La mayoría de la gente no .... días libres. Además, los viajes .... lentos y, como no .... muchos coches, la gente .... en tren o en autobús. Normalmente, las familias .... al pueblo, porque ir a la playa no .... popular. Para comunicarse con la familia, ... cartas o tarjetas postales y .... fotos con cámaras antiguas. Todo .... muy diferente.

Los objetos marcan épocas

1. Observa estos objetos y relaciona cada uno con el material adecuado. ¿Hay alguno que antes utilizabas y ahora no? Explica por qué, como en el ejemplo.

> Antes, usaba el lápiz para escribir, pero ahora solo uso el bolígrafo, porque es más práctico.

madera • plástico • metal • tela • papel

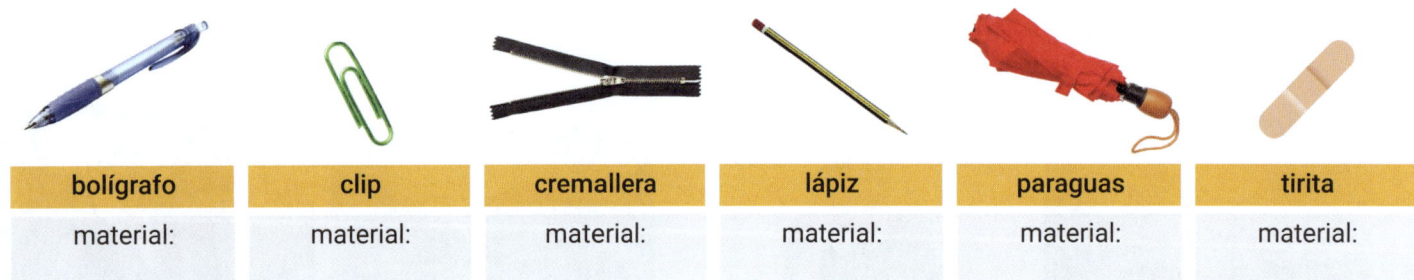

bolígrafo	clip	cremallera	lápiz	paraguas	tirita
material:	material:	material:	material:	material:	material:

2. Explica, como en el ejemplo, cuándo y dónde fue la última vez que utilizaste alguno de estos objetos. ¿Cuál usas más y cuál usas poco? ¿Por qué?

> La última vez que usé una bolsa de té fue ayer por la tarde en mi casa.

bolsa de té	cerillas	lata de conservas	notas adhesivas (pósits)	pinza para tender	tetrabrik

3. Lee la siguiente información sobre estos inventos españoles. Elige uno y describe a tu compañero/a su historia en pasado, como en el ejemplo. Luego busca información sobre un objeto inventado en tu país para presentarlo en clase.

El botijo (ser) un recipiente de barro que (utilizarse) mucho en el campo, para mantener el agua fresca. No sabemos quién lo inventó, pues (ser) un objeto que (evolucionar) con el paso del tiempo. (Usarse) en toda la zona del Mediterráneo.

Parece que el abanico (usarse) en el Antiguo Egipto. En el siglo XIX, (ser) famoso en España, donde las mujeres lo (utilizar) con frecuencia. Este objeto (servir) para luchar contra el calor y también (ser) un instrumento para comunicarse. En el siglo XXI, Valencia (ser) la provincia española que más abanicos (fabricar). En España antes (ser) un objeto muy popular y ahora también.

> El botijo era un recipiente de barro que se utilizaba...

4. Observa las imágenes y escribe dos frases para cada una, como en el ejemplo, indicando qué es similar y qué es diferente. Utiliza *el mismo, la misma, los mismos, las mismas.* Compara tus resultados en clase.

a. *Tienen las mismas mascotas, pero no llevan la misma ropa.*

b. ....

a. ....
b. ....

a. ....
b. ....

5. Anota tus preferencias sobre estas cuestiones. Después, en grupos de tres, pregunta a tus compañeros/as para encontrar información similar. Comentad los resultados en clase, como en el ejemplo.

	yo	compañero/a
a. animal	gato	gato
b. música	....	....
c. color	....	....
d. comida	....	....
e. estilo de ropa	....	....
f. deporte	....	....
g. actividad de ocio	....	....

¿Cuál es tu animal favorito?

El gato.

A ...... y a mí nos gusta el mismo animal.

6. Transforma los siguientes adjetivos en adverbios en *-mente* y completa este texto. Comprueba con tu compañero/a.

cómodo ● normal ● lento ● rápido ● antiguo ● tranquilo ● fácil

Hoy todo ocurre .... y no necesitamos esperar mucho tiempo para viajar, tener información o enviar un mensaje. Gracias a Internet, podemos trabajar .... desde casa. .... todos tenemos un móvil y podemos conectarnos .... en cualquier parte del mundo. .... si querías hablar con una amiga, tenías que ir a visitarlos o escribirles una carta. El tiempo pasaba más .... Aunque la tecnología nos ayuda mucho, sigo pensando que lo mejor es vivir la vida .... y disfrutar de los momentos especiales con la familia y los amigos.

7. Según tu experiencia, cuenta a tus compañeros/as qué cosas hacías antes de una forma y cómo las haces ahora, como en el ejemplo. Para ello, transforma estos adjetivos en adverbios en *-mente.*

alegre ● general ● fácil ● tranquilo ● habitual ● rápido

Antes, generalmente, me levantaba a las 7 de la mañana para ir a trabajar. Ahora tengo horario flexible y me levanto más tarde.

 **COMPRENSIÓN AUDITIVA**

TAREA 3
Escuchar una conversación y relacionar con enunciados

Vas a escuchar una conversación entre dos hermanos, Alberto y Beatriz. Indica si los enunciados (1 a 6) se refieren a Alberto (A), a Beatriz (B) o a ninguno de los dos (C).

Ejemplo:

La opción correcta es **A**. Dice que ha comprado un cuaderno para las fotos y recuerdos del regalo de mamá.

	ENUNCIADOS	A Alberto	B Beatriz	C Ninguno de los dos
0	Ha comprado el cuaderno.	✓		
1	Tenía álbumes de fotos.			
2	Tiene una foto del parque.			
3	No quiere escribir frases tristes.			
4	Llevaba gafas.			
5	Va a decorar el cuaderno con dibujos.			
6	Jugaba al balón.			

TAREA 2

Escribir un texto sobre la vida de una persona

Luna ha cambiado mucho. Estas son algunas imágenes de su vida de antes y su vida actual.

| Luna y su padre | sus amigas | su trabajo actual | su hija |

Tienes que escribir un texto sobre Luna hablando de:

- Cómo era de pequeña y cómo era su familia.
- Qué le gustaba hacer.
- Cómo era su vida entonces.
- Cómo es su vida ahora.

Número de palabras recomendado: entre 70 y 80.

TAREA 1

Monólogo breve

**Tienes que hablar durante 2 o 3 minutos sobre tu vida cuando eras pequeño/a.
Durante la presentación tienes que hablar de:**

A Cómo era un día normal.

B Qué hacías en tu tiempo libre.

C Quiénes y cómo eran tus amigos/as.

D Qué te gustaba y qué no te gustaba hacer.

E Qué objetos de cuando eras pequeño/a tienes todavía.

13

Ordenando vida y mente

● Electrodomésticos y tareas domésticas

1. Escribe debajo de cada imagen el nombre del electrodoméstico. Después, comenta con tu compañero/a cuáles utilizas más. ¿Cuál añadirías?

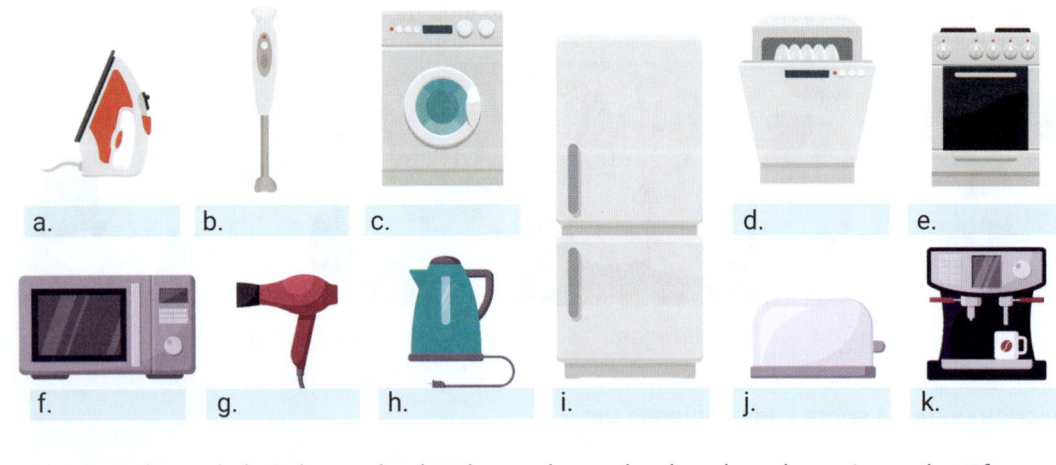

a.　　　b.　　　c.　　　d.　　　e.

f.　　　g.　　　h.　　　i.　　　j.　　　k.

el microondas ● la lavadora ● la plancha ● el secador de pelo ● la cocina ● la cafetera
el hervidor de agua ● el lavavajillas ● la tostadora ● el frigorífico ● la batidora

2. Usa estos verbos para formar expresiones adecuadas. Hay varias opciones. ¿Qué tareas realizas tú que no te gustan? Coméntalo en clase.

la casa ● la lavadora ● la comida ● el polvo ● los platos ● la basura ● la cocina ● la ropa ● la aspiradora

a. barrer ....
b. lavar ....
c. pasar ....
d. planchar ....

e. poner ....
f. preparar ....
g. recoger ....
h. sacar ....

i. tender ....
j. limpiar ....

3. En parejas, leed la información y relacionad las columnas para saber qué hace cada miembro de la familia López (Ángel, Carolina, David, Isabel, Sofía y Jessica). Después, completad su agenda semanal y comentad los resultados en clase, como en el ejemplo.

En casa de la familia López, de lunes a viernes cada uno se ocupa de unas tareas, excepto Jessica, que es la pequeña. Hay tareas en las que todos tienen que participar: preparar el desayuno, hacer las camas y reciclar.

Reparto de tareas	Responsables de las tareas
a. La persona que barre la casa y pasa la aspiradora en el comedor también quita el polvo.	☐ Quien barre y usa la aspiradora tiene un nombre que empieza por vocal. ....
b. La persona que limpia el baño también pone la lavadora y tiende la ropa.	☐ El nombre de la persona que hace la compra tiene dos vocales iguales. ....
c. La misma persona que hace la compra prepara la cena.	☐ Quien cocina tiene dos consonantes seguidas en su nombre. ....
d. La persona que prepara la comida saca la basura todos los días.	☐ Quien recoge la cocina tiene un nombre que empieza y termina por la misma letra. ....
e. La persona que recoge la cocina tiene que poner el lavavajillas.	☐ El nombre de la persona que se ocupa de la ropa tiene más vocales que consonantes. ....

	lunes, martes, miércoles, jueves y viernes
Ángel	
Carolina	
David	
Isabel	*Barre la casa y pasa la aspiradora en el comedor y quita el polvo. Además, prepara el desayuno, hace su cama y recicla.*
Sofía	
Jessica	

● Cantidades y recipientes

4. Ahora, sustituye los dibujos de este diálogo por las palabras correspondientes. Compara con tu compañero/a.

Ángel: Hoy preparo yo la comida: macarrones a la boloñesa. ¿Qué te parece? ¿Quieres ayudarme?

Sara: Claro, pero primero tenemos que hacer la lista de la compra. A ver... necesitamos un .... de macarrones, carne, una cebolla y un .... de tomate. Sal y ....

Ángel: También quiero hacer una tarta para el cumpleaños de Daniela. Necesitamos ½ ...., ½ k de .... y ½ k de .... Si te parece, mientras yo .... los huevos para el postre, tú puedes .... los macarrones y .... la carne con la salsa de tomate.

Sara: Pues no tenemos ...., hay que comprar un .... También hay que comprar un .... de mermelada de fresa, y una .... de leche para desayunar mañana. ¡Ah! Y necesitamos también una .... de comida para el perro.

Ángel: Genial. Pues vamos ya al supermercado.

5. Ahora, haz una lista con diez alimentos que tienes en casa y en el frigorífico. No olvides indicar las cantidades o los recipientes. Compara con tu compañero/a. ¿Tenéis las mismas cosas?

a. ....
b. ....
c. ....
d. ....
e. ....
f. ....
g. ....
h. ....
i. ....
j. ....

> En el frigorífico tengo media docena de huevos...

6. Lee las frases y escoge la opción correcta. Compara con tu compañero/a.

a. ¿Me das *la botella/la lata* de leche que está en el frigorífico?
b. Mientras *pelo/frío* la fruta, tú puedes abrir *la lata/la botella* de atún.
c. Para terminar la ensalada, hay que *añadir/cortar* aceite y vinagre.
d. *Hervimos/Asamos* la pasta y después *añadimos/batimos* el tomate.
e. Para cenar, voy a *freír/pelar* huevos y patatas, es fácil y a todos les gusta.

7. En parejas, comentad estas cuestiones.

a. ¿A qué alimentos o platos les pones más sal? ¿Y azúcar?
b. ¿Qué alimentos te gustan calientes? ¿Y fríos?
c. ¿Siempre pelas la fruta? ¿Por qué? ¿Tomas alguna fruta con piel?
d. ¿Prefieres los alimentos fritos, cocidos o asados? Justifica tu respuesta.

Orden y limpieza en casa

1. Escribe el gerundio de estos verbos irregulares en el lugar adecuado.

dormir	mentir	sentir
elegir	morir	ser
hervir	oír	traer
ir	pedir	venir
caer	poder	ver
leer	seguir	

Cambio de *e* > *i*	Cambio de *o* > *u*
Gerundios especiales	Gerundios con -*y*-

2. Ahora completa este diálogo entre dos amigos con *estar* + gerundio.

Andrés: ¡Hombre, Miguel! ¿Qué tal? ¡Cuánto tiempo!

Miguel: Hola, Andrés. Pues aquí .... (pasear) a Sultán y .... (esperar) a mis hijos, que salen ahora de clase.

Andrés: ¿Qué años tienen ahora tus hijos y qué .... (hacer)?

Miguel: Pues Rocío está ya en la universidad. .... (estudiar) Biblioteconomía. Ahora .... (dormir), porque ha tenido exámenes toda la semana. Julia, como siempre. Es muy alegre y siempre .... (cantar). Y el pequeño Martín siempre .... (correr) por la casa. Ahora .... (jugar) en un equipo de baloncesto y .... (entrenar) dos días a la semana y los fines de semana tiene partido.

Andrés: ¡Madre mía! Bueno, dales un abrazo y, por supuesto, otro abrazo a Mariana.

Miguel: De tu parte, Andrés. Bueno, me voy ya, que .... (empezar) a llover y tenemos que hacer los deberes para mañana.

Andrés: Pues hasta la próxima, Miguel.

Miguel: Sí, hasta pronto.

3. Julia y Martín ya están en casa. Completa ahora el diálogo con su madre con las expresiones en gerundio. En grupos de tres, leed el diálogo en clase.

a. está durmiendo
b. estáis diciendo
c. estás escuchando
d. estás recogiendo
e. está haciendo
f. estás haciendo
g. está leyendo
h. estoy ordenando
i. Está preparando

Martín: Hola, mamá. Ya estamos aquí. ¿Qué ....?

Madre: Hola. Pues .... el salón. A ver si un día llego a casa y puedo descansar.

Julia: Tranquila, que nosotros te ayudamos.

Madre: ¿Lo .... de verdad?

Julia: Claro. Hoy no tenemos deberes, porque mañana hay unas jornadas especiales en el colegio y no hay clase.

Madre: ¿Seguro? Vale... entonces, estupendo. Julia, tú ya .... tu cuarto. Y tú, Martín... Martín, ¿me ....? Martín, tú mira a ver qué .... tu padre.

Martín: .... la comida de Sultán. Ya sabes que después de correr por el parque siempre tiene hambre.

Julia: ¿Sí? Pues yo creo que .... el periódico en la tableta.

Madre: Bueno, es igual. Imagino que ya ha preparado la cena...

Martín: ¿Y Rocío?

Madre: No sé, pero la puerta de su habitación está cerrada, así que creo que .... Bueno, nosotros vamos a terminar de hacer las cosas... ¿vale?

4. Observa las imágenes y decide qué puedes hacer por estas personas y por qué, como en el ejemplo. Hay varias opciones. Habla con tu compañero/a.

> A Rosa le hago la cama, porque está cansada.

pasar la sal ● dar el azúcar ● planchar la ropa ● hacer la cama
hacer un regalo ● poner la mesa

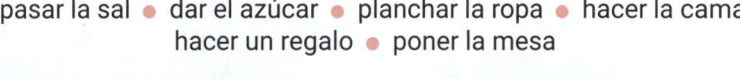

Rosa

Luis

Daniel

Sara

Elena

Antonio

5. Lee y transforma las frases, como en el ejemplo.

a. Vas a comprar un regalo (a tu padre)
   Le vas a comprar un regalo a tu padre. / Vas a comprarle un regalo a tu padre.

b. Tiene que dar una receta (a sus amigos)
   .... /...

c. Queréis enviar un correo (a nosotros)
   .... /...

d. Quiero dar las llaves (a ti)
   .... /...

e. Están preguntando por los ejercicios (al profesor)
   .... /...

f. Vas a pedir el ordenador (a tu hermana)
   .... /...

6. Lee estas situaciones y pide ayuda o un favor a tu compañero/a. Él acepta o rechaza tu propuesta, justificando su respuesta, como en el ejemplo.

> ¿Le puedes explicar a la abuela cómo enviar un mensaje con el móvil?

a. Vuestra abuela no sabe cómo usar el móvil. (aceptar)

b. Tus compañeros de trabajo necesitan agua y tú estás ocupado. (aceptar)

c. Tienes que ir a casa de tu madre para recoger la compra. (rechazar)

d. Una amiga está enferma y no puede sacar a su perro. (rechazar)

e. Un compañero está enfermo en casa y necesita los apuntes de clase. (aceptar)

> Sí, claro, ahora mismo le explico cómo hacerlo.

⌐ Lección 2 ⌐

Recetas fáciles y deliciosas

1. Lee el siguiente texto sobre el aceite de oliva y explica a tu compañero/a qué has entendido.

Aunque el aceite de oliva no es el aceite más utilizado en muchas partes del mundo, en España está considerado como la base de la dieta mediterránea o como uno de sus ingredientes principales. De hecho, en España todos conocen el aceite de oliva como *el oro líquido*, pues está considerado como uno de los tesoros de su gastronomía por dos razones: su importancia en la tradición y la cultura españolas y los beneficios para la salud. Además, por su calidad, el aceite de oliva virgen extra (AOVE) ocupa el primer puesto entre los aceites vegetales preferidos por los españoles; por eso, desde hace años, es frecuente ver la sigla AOVE en la carta de muchos restaurantes.

2. Ahora, completa las preguntas sobre el texto anterior con el pronombre de objeto directo (OD). Comprueba tus resultados con tu compañero/a y contestad las preguntas. ¿Qué aceite se utiliza más en tu país?

a. La dieta mediterránea, ¿en qué otros países crees que .... siguen?

b. El aceite de oliva, ¿......... has probado alguna vez?

c. Algunas personas el aceite de oliva .... toman en las tostadas del desayuno.

d. Y tú, a las ensaladas, ¿les pones aceite? ¿.......... pones en el frigorífico?

e. Y tú, el aceite de oliva, ¿en qué platos .... utilizas? ¿Cómo prefieres tomar.........?

f. La sigla AOVE, ¿......... has visto antes de leer este texto?

g. Tú, ¿qué alimento .... consideras *oro* en la alimentación?

3. Aquí tienes la receta de un plato español muy conocido: el gazpacho. Completa la información para aprender a hacerlo.

a. **Utensilios.** Escribe el nombre de cada uno en el lugar apropiado.

cuchillo y tabla de cortar ● báscula de cocina ● batidora ● cuenco o bol ● jarra medidora

a. ....   b. ....   c. ....   d. ....   e. ....

b. **Ingredientes y cantidades.** Sigue las pistas y completa con la información que falta.

- 1 .... (≠ litro) de tomates pelados
- 1 pepino .... (≠ grande) pelado
- 2 dientes de ajo
- ½ .... (≠ kilo) de agua

- un poco de .... (≠ aceite)
- ¼ .... (≠ kilo) de aceite de oliva
- un poco de .... (≠ azúcar)
- un poco de pan

c. **Pasos.** Completa con el pronombre de OD cómo se prepara un gazpacho... buenísimo.

1. Eliminas la parte exterior del pan y la interior, la miga, ... pones en agua y vinagre.

2. Los ajos .... cortas muy pequeños y .... pones en la mezcla de agua y vinagre. Luego, el aceite .... añades poco a poco.

3. El pepino y los tomates .... pelas y .... cortas en trozos pequeños y .... añades a todo lo anterior.

4. La mezcla .... bates bien con una batidora.

5. El gazpacho .... puedes poner en el frigorífico para servir....... frío.

4. Lee estas frases y relaciona cada una con la imagen correcta. Compara tu respuesta con tu compañero/a.

a. La tengo en la cocina, pero está estropeada.
b. Los tienes en la ventana. No quieren salir.
c. No lo he barrido, no he tenido tiempo.
d. La voy a poner en la lavadora. Está sucia.

e. ¿Me la pasas, por favor? La necesito para la ensalada.
f. Los he comprado y los he puesto en el frigorífico.
g. Les estamos preparando la comida.
h. Le he dado de comer.

5. Contesta las preguntas usando los pronombres de OD y de OI. Compara tus respuestas con tu compañero/a.

a. –¿Has dado helado a los niños? –No, ...
b. –¿Habéis comprado la *pizza* para ellos? –Sí, ...
c. –¿Has traído la comida para el perro? –Sí, ...
d. –¿Os habéis acordado de traer la comida vegana para Luisa? –No, ...
e. –¿Habéis puesto azúcar en la crema? –Sí, ...

6. En parejas, observad las imágenes y decidid qué podéis hacer, como en el ejemplo. Hay que usar los pronombres de OD y OI.

El vaso de agua podemos dárselo al niño, que necesita beber mucho.

el vaso de agua   el libro de recetas   las cerezas   los bocadillos

COMPRENSIÓN AUDITIVA

TAREA 1

Escuchar conversaciones y relacionar la pregunta con la imagen

Vas a escuchar seis conversaciones. Tienes que relacionar la pregunta (1 a 6) con la imagen adecuada (A, B o C). Cada conversación se repite dos veces.

Ejemplo:

Conversación 0
¿Qué bebida ha olvidado comprar el hombre? La opción correcta es la **C**.
Dice que no ha visto el zumo.

A

B

C

Conversación 1
¿Qué le gusta hacer al hombre?

A

B

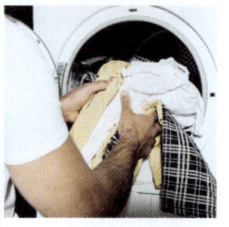
C

Conversación 2
¿Qué ha hecho la mujer antes de llamar a su hermana?

A

B

C

Conversación 3
¿Qué necesita la mujer?

A

B

C

Conversación 4
¿Qué está haciendo el hombre?

A

B

C

Conversación 5
¿Qué electrodoméstico ha comprado el hombre?

A

B

C

Conversación 6
¿Qué ingrediente no lleva la tortilla?

A

B

C

EXPRESIÓN E INTERACCIÓN ESCRITAS

TAREA 2
Escribir un texto sobre tareas domésticas

Tienes que escribir un texto sobre las tareas domésticas que realizas. Tienes que hablar sobre:

- Qué tareas haces normalmente y en qué orden.
- Qué necesitas para hacer las cosas de casa.
- Qué electrodomésticos utilizas con más frecuencia.
- Qué tarea(s) prefieres hacer y cuáles no te gustan.

Número de palabras recomendadas: entre 70 y 80.

 **EXPRESIÓN E INTERACCIÓN ORALES**

TAREA 2
Monólogo breve

Tienes que hablar durante 2 o 3 minutos sobre la casa y la salud. Durante la presentación tienes que hablar de:

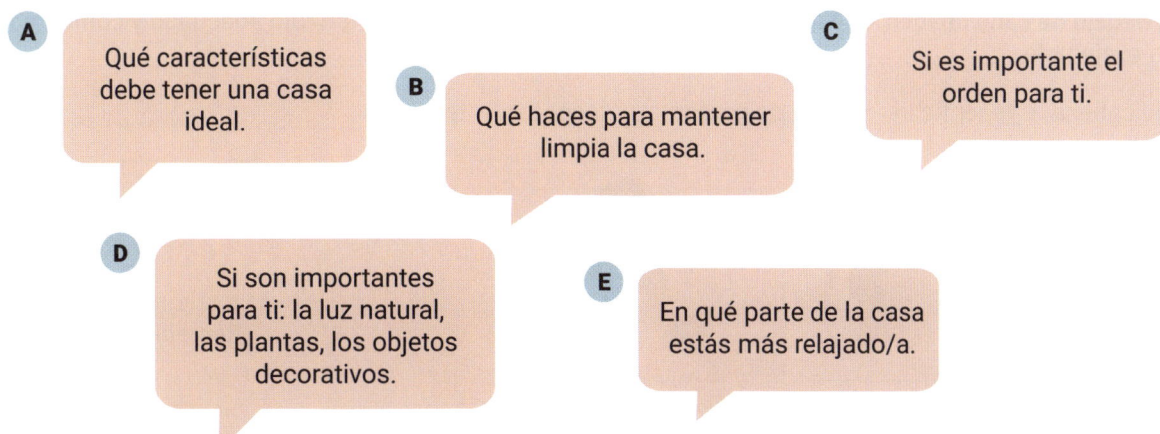

A — Qué características debe tener una casa ideal.

B — Qué haces para mantener limpia la casa.

C — Si es importante el orden para ti.

D — Si son importantes para ti: la luz natural, las plantas, los objetos decorativos.

E — En qué parte de la casa estás más relajado/a.

Palabra por palabra

● Las partes del cuerpo

1. Sustituye los números 1-4 por las vocales correspondientes para descubrir qué partes del cuerpo se mencionan. Comprueba con tu compañero/a.

   a. ¿Qué hay en la cabeza y en la cara? el p2l4, la b4c1, los 4j4s, la n1r3z, las 4r2j1s

   ....

   b. ¿Qué hay en el cuerpo? la 2sp1ld1, los br1z4s, las m1n4s, los d2d4s, las p32rn1s, los p32s

   ....

2. Ahora, completa con los nombres anteriores en el lugar adecuado.

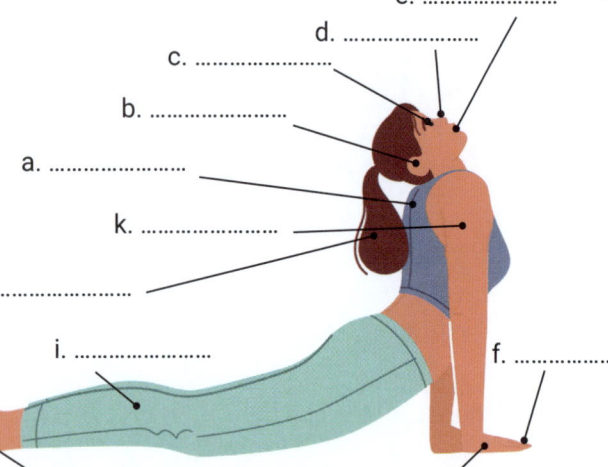

   e. ....
   d. ....
   c. ....
   b. ....
   a. ....
   k. ....
   j. ....
   i. ....
   h. ....
   g. ....
   f. ....

3. Escribe cada parte del cuerpo junto a su descripción. Después, comprueba con tu compañero/a.

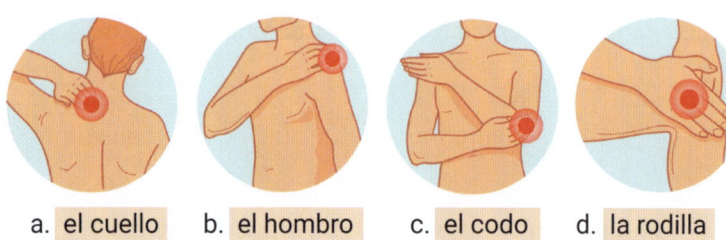

   a. el cuello   b. el hombro   c. el codo   d. la rodilla

   1. Parte del cuerpo que une la cabeza con el cuerpo: ....
   2. Une las dos partes de la pierna: ....
   3. Une las dos partes del brazo: ....
   4. Une el brazo con el cuerpo: ....

● Los síntomas y los remedios

4. Escribe, debajo de cada imagen, qué les pasa. Después, en parejas, elegid el remedio adecuado y comentadlo, como en el ejemplo.

   dolor de cabeza ● tener fiebre ● dolor de garganta ● tener tos ● tener frío

   a. ....   b. ....   c. ....

   d. ....   e. ....

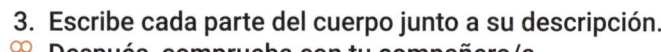

Para..., hay que tomar...

Remedios

jarabe   pastillas   infusión

5. ¿En qué situaciones utilizas estos remedios? Coméntalo en clase.

    a. poner una tirita   **b.** poner pomada

6. Lee y elige el estado adecuado para cada situación. Comprueba tus resultados en clase.

a. Después de correr 10 km, Juan necesita beber agua, porque tiene *sueño/sed*.

b. No he dormido nada esta noche, tengo *sueño/hambre*.

c. Tengo muchísimo trabajo y solo tengo una hora para terminarlo, estoy *estresado/cansado*.

d. Luisa no quiere salir de casa, está llorando todo el día, está muy *enferma/deprimida*.

e. Estamos en agosto, a más de 40º, todo el mundo tiene *calor/frío*.

f. Tengo fiebre y tos y me duele la cabeza. Creo que estoy *preocupado/enfermo*.

g. En la playa, de vacaciones, con un libro, siempre estoy *contenta/cansada*.

7. En parejas, observad los iconos y completad el texto con *tener, doler* o *estar* y el síntoma adecuado.

    fiebre 🥵   sed 😆   feliz 😊   estresado/a 😡   doler la cabeza 😖   preocupado/a 😧
    enfermo/a 🤢   sueño 😴   cansado/a 🥵   contento/a 😁   enfadado/a 😠

a. Me levanto .... 😁 porque es sábado y .... 😊 y con mucha energía.

b. Mi hermana .... 😴, no ha dormido bien porque tiene exámenes y .... 😧.

c. Sergio .... 😠 y .... 😡, porque tiene mucho trabajo. Le he dicho que puede hacer deporte para relajarse.

d. Mi compañera de trabajo .... 🤢 , por eso hoy no ha venido a trabajar. Dice que .... 😖 y .... 🥵

e. El fin de semana pasado fuimos a la montaña. Después de dos horas .... 🥵. Como Sara no llevaba agua suficiente y .... 😆, le di un poco del agua que yo tenía.

8. Con tu compañero/a, escribe una frase para cada situación explicando tu estado de ánimo y tu estado físico.

a. Mañana tienes un examen muy importante y no has estudiado nada.

....

b. Has trabajado todo el día sin parar y no has terminado todavía.

....

c. Es tu cumpleaños y nadie te ha llamado.

....

d. Estás de viaje y no has traído la ropa apropiada.

....

e. Vas a casarte, pero ya no quieres a tu pareja.

....

9. Pregunta a tu compañero/a, como en el ejemplo, qué hace en estas situaciones cuando no está en casa. Comentad la respuesta más original en clase.

    a. tener sueño   c. estar estresado/a

    b. tener calor   d. estar cansado/a

> ¿Qué haces cuando estás en... y tienes sueño?

No me siento bien

1. En parejas, completad con el verbo *doler* en la forma adecuada y relacionad cada dolor con su posible causa.

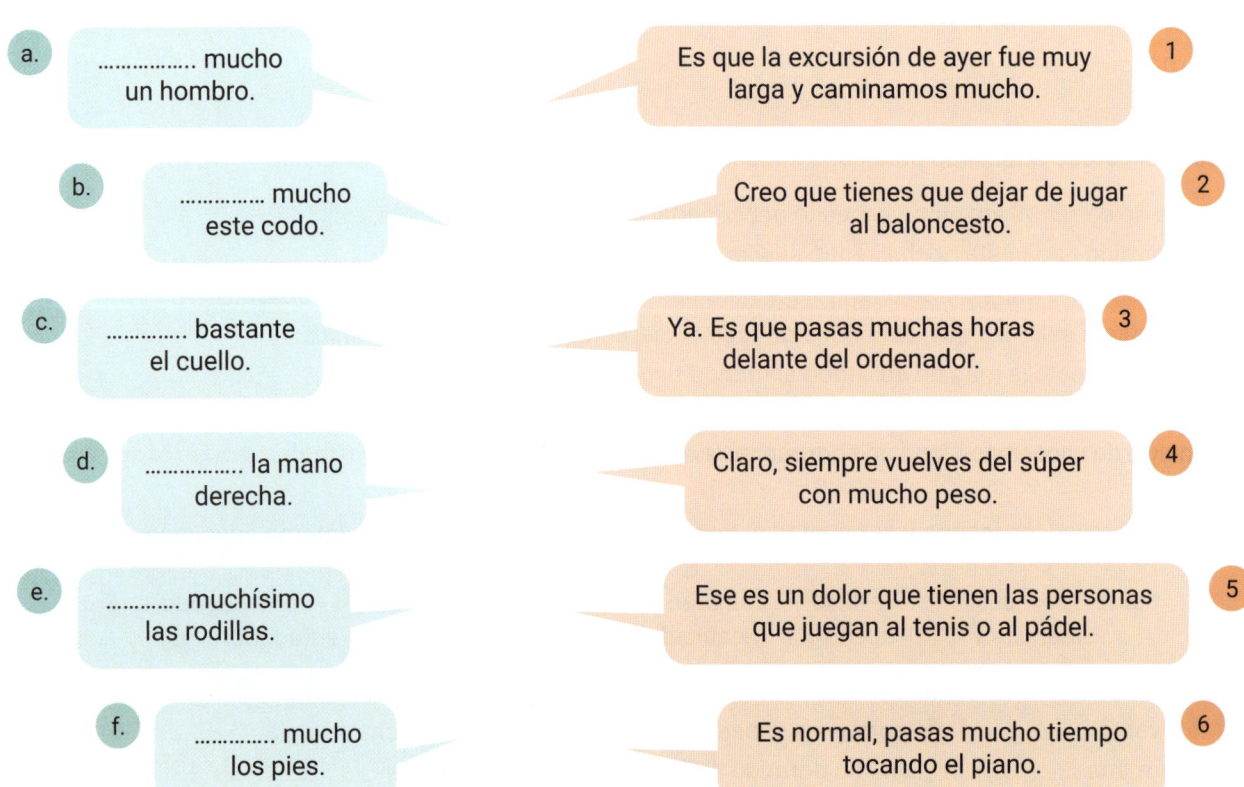

a. .... mucho un hombro.

1. Es que la excursión de ayer fue muy larga y caminamos mucho.

b. .... mucho este codo.

2. Creo que tienes que dejar de jugar al baloncesto.

c. .... bastante el cuello.

3. Ya. Es que pasas muchas horas delante del ordenador.

d. .... la mano derecha.

4. Claro, siempre vuelves del súper con mucho peso.

e. .... muchísimo las rodillas.

5. Ese es un dolor que tienen las personas que juegan al tenis o al pádel.

f. .... mucho los pies.

6. Es normal, pasas mucho tiempo tocando el piano.

2. Ahora, relaciona cada dolor anterior con el consejo más adecuado. Hay varias posibilidades.

a. dolor de cuello
b. dolor de hombro
c. dolor de codo
d. dolor de mano
e. dolor de rodilla
f. dolor de pies

1. Puedes hacer ejercicio con una pelota de goma.
2. Ponerlos en agua caliente con sal es una buena solución.
3. Yo aconsejo siempre poner calor en la parte donde sientes más dolor.
4. ¿Por qué no vas al fisioterapeuta?
5. Hay pomadas en la farmacia que te ayudan a reducir el dolor.
6. Tumbarte en el suelo para poner la espalda recta ayuda bastante.

3. Escribe el imperativo *tú* de cada verbo irregular. Después, en parejas, completad con la parte del cuerpo y el consejo del ejercicio anterior en imperativo, como en el ejemplo.

tú	tú	tú	tú	tú	tú	tú
				sé		
hacer	ir	poner	salir	ser	tener	venir

a. Para el dolor de *cuello, pon un poco de calor en la parte donde sientes más dolor.*

b. Para el dolor de ...., ...

c. Para el dolor de ...., ...

d. Para el dolor de ...., ...

e. Para el dolor de ...., ...

f. Para el dolor de ...., ...

4. Completa con el imperativo *usted* de estos verbos para saber qué le ha dicho la médica a su paciente. Compara con tu compañero/a.

Cada mañana, durante una semana, ... (tomarse) una pastilla si le duele la cabeza. Si el dolor continúa .... (llamar, a mí) otra vez. Durante el día, ... (beber) mucha agua para sentirse mejor. Si empieza a toser, para calmar la tos, ... (tomar) este jarabe tres veces al día: por la mañana, por la tarde y por la noche. También, para los ojos, ... (ponerse) estas gotas una vez al día. Y, por favor, ... (sentarse) y .... (descansar) frecuentemente. Si los síntomas continúan, ... (llamar, a mí) sin problema.

5. El paciente no ha entendido bien las recomendaciones. Completa lo que le dice su mujer usando el imperativo *tú* y los pronombres necesarios, como en el ejemplo.

Creo que la doctora me ha dicho que tengo que tomar una pastilla cuando estoy cansado, beber agua si tengo tos, tomar el jarabe si me duele la cabeza, ponerme las gotas en los ojos cuando estoy sentado, y beber agua por la mañana.

No, no, mira, la pastilla, *tómala* si te duele la cabeza; el jarabe, ...; el agua ....; las gotas, ... Ah, y, si estás cansado, ...

6. Ahora, completa con el imperativo *vosotros* y los pronombres adecuados estas recomendaciones para tener una mejor salud. Compara con tu compañero/a.

Es importante comer frutas y verduras para cuidar vuestra salud, las frutas y verduras .... (tomar) cinco veces. Para tener más energía y estar activos, ... (hacer) ejercicio físico, pero el ejercicio .... (hacer) al menos 30 minutos. Antes de salir de casa, ... (ponerse) crema para proteger la piel; la crema .... (comprar) en la farmacia. Durante el día, ... (lavarse) las manos frecuentemente para evitar infecciones; las manos .... (lavarse) siempre antes de comer y después de ir al baño. Por la noche, ... (apagar) el móvil una hora antes de ir a la cama para dormir mejor. Y, si podéis, ... (hacer) todo despacio para no tener estrés y vivir de una forma más tranquila.

7. Observa las imágenes y, en parejas, dad dos consejos a cada persona para mejorar su salud.

a.
b.
c.
d.

La salud mental es importante

1. Lee y completa el texto con las siguientes expresiones en el lugar adecuado.
   Comprueba con tu compañero/a.

1. problemas específicos	2. hacer ejercicio físico	
3. la salud del cuerpo	4. necesitan ayuda	5. depresión
6. los problemas de salud mental	7. de tristeza	

Seguir una dieta adecuada y .... son consejos para ...., pero ¿qué ocurre con la salud mental? Muchas veces escuchamos hablar a las personas y pensamos que esas personas quizá .... Sin embargo, es importante no confundir una situación temporal .... con una ...., que puede estar causada por ...., cosa que no ocurre con ...., causados por situaciones concretas que tienen principio y fin.

2. Para muchos problemas, la meditación puede ser un buen remedio. Completa este texto en imperativo *tú* (si quieres, puedes poner música tranquila). ¿Cómo te has sentido durante el ejercicio? Coméntalo en clase.

.... (Ponerse) cómodo, ... (cerrar) los ojos, ... (respirar) despacio y .... (escuchar) música relajante. .... (Olvidar) por un momento todos tus problemas, ... (pensar) en una playa e .... (imaginar) la arena bajo tus pies, el sol en tu cuerpo y el viento en tu cara. Ahora .... (mirar) el mar y .... (sentir) el agua en tus pies. .... (Pensar) que te sientes bien. .... (Recordar) que todavía no debes abrir los ojos y .... (respirar) tranquilamente. Con calma, ... (preparrse) para volver a tu estado anterior y para vivir un día lleno de paz. .... (Abrir) los ojos despacio, ...

.... (levantarse) tranquilamente y, al salir, ... (recordar) que la vida es bella, muy muy bella.

3. Ahora, en parejas, relacionad cada problema con la recomendación adecuada.

a. Margarita antes vivía en otra ciudad, se ha cambiado y se siente sola.

b. David tiene quince años, siempre está enfadado con su familia. Piensa que no le entienden.

c. Peter trabaja en España y está frustrado porque su español no mejora.

d. Carlos está muy estresado cuando tiene exámenes.

e. A Esther no le gusta su trabajo y tiene problemas con sus compañeros.

f. Ricardo quiere terminar su relación con su pareja, pero no sabe cómo hacerlo.

1. Te aconsejo hablar con tu familia, porque ellos te quieren y pueden ayudarte.

2. Lo mejor es decirle que ya no sientes lo mismo y que es mejor separarse.

3. ¿Por qué no haces algo de deporte para relajarte?

4. Es importante pensar por qué no te gusta y cuáles son los problemas con los compañeros.

5. Puedes buscar un intercambio para aprender mejor la lengua.

6. Te recomiendo buscar alguna actividad para hacer en grupo (ir al gimnasio, asistir a un taller de cocina...) y así conocer a gente.

4. Lee qué problemas tienen estas personas. En parejas, dad un consejo o solución para cada situación. Compartid vuestros resultados en clase. ¿Cuál os parece el mejor consejo?

a. Soy muy tímida y por eso no tengo muchos amigos. Prefiero estar en casa con el móvil. ¿Qué puedo hacer?
....

b. Acabo de divorciarme y estoy muy triste y deprimido. No tengo energía para salir de casa. ¿Qué consejo me puedes dar?
....

c. Puedo pasar toda la noche jugando a videojuegos. Por la mañana estoy muy cansado y no me concentro en clase. ¿Cómo puedo controlar esta situación?
....

d. La nueva jefa nos presiona constantemente. Muchos días me llevo el trabajo a casa, y ya tengo problemas con mi familia. ¿Qué me recomiendas?
....

5. Ahora, en grupos, hablad sobre estos temas. Después, comentad vuestros resultados en clase. ¿Coincidís con otros grupos?

    a. ¿Qué haces cuando te estresas?
    b. ¿Cómo te relajas?
    c. ¿Quién te ayuda cuando tienes problemas?
    d. ¿Tus amigos te cuentan sus problemas?
    e. ¿Sabes dar consejos a otras personas?

6. Lee y reflexiona sobre estas frases. ¿Existen en tu lengua? Después, comenta en clase las siguientes preguntas.

> Ya no puedo más.

> Nunca hago nada bien.

> A mí todo me da igual.

> No tengo ilusión por nada.

    a. ¿Has escuchado alguna vez alguna de estas frases?
    b. ¿Dónde y en qué circunstancias?
    c. ¿Cuál fue tu reacción cuando las escuchaste?
    d. ¿Has dado algún consejo a la persona que dijo alguna de esas frases?

 **COMPRENSIÓN DE LECTURA**

TAREA 2
Leer un texto y contestar las preguntas

Vas a leer un texto sobre la donación de sangre. Después, marca la opción correcta (a, b o c),
para cada pregunta (1-6).

¿Sabes que, desde 1991, España es un país líder absoluto a nivel mundial tanto en donaciones de órganos y en trasplante como en donación de sangre? Además, cada día aumenta el interés de los españoles por la donación de sangre, ya que es muy necesaria, porque siempre hay tragedias, catástrofes o diferentes sucesos que afectan a toda la sociedad y muchos hospitales tienen necesidad de sangre. Hace tiempo que sabemos que donar sangre es una acción con la que todos ganan: los enfermos y los donantes, es decir, las personas que dan su sangre voluntariamente. Es evidente que donar sangre sirve para salvar vidas, y sus consecuencias no solo benefician a las personas que la necesitan, también tiene efectos positivos en las personas que voluntariamente la donan. Los estudios realizados hasta ahora demuestran que, por un lado, donar sangre regularmente, además de ayudar al donante a sentirse bien, también puede ayudarle a controlar sus niveles de hierro en el cuerpo y a proteger la salud de su corazón. Por otro lado, desde un punto de vista psicológico, donar sangre produce una sensación muy positiva, pues, además de causar una pequeña satisfacción, parece que, en los donantes habituales, la donación de sangre está asociada a un menor estrés y a una mejor salud mental.

¿Para qué se utiliza la sangre? La sangre que se obtiene gracias a las donaciones se destina a tratar muchas enfermedades que producen anemia, así como para intervenciones quirúrgicas, trasplantes de órganos, accidentes, hemorragias y quemaduras.

¿Quién puede donar sangre? Para donar sangre, en general, es necesario tener entre 18 y 65 años, pesar más de 50 kg y tener buena salud. Es un acto voluntario, pero es necesario mostrar un documento de identificación. Los mayores de 65 años a menudo necesitan autorización médica.

Algunos datos: 1 de cada 10 personas que están en un hospital necesita sangre; cada 3 segundos alguien necesita sangre; 1 de cada 2 personas residentes en España va a necesitar sangre alguna vez en su vida; todo el proceso de donación, incluido el reposo, no dura más de 30 minutos; solo el 5 % de donantes habituales dona sangre todos los años; 450 ml de sangre pueden salvar hasta 3 vidas.

PREGUNTAS

1. Donar sangre es positivo para...
a. los donantes.
b. los enfermos.
c. los enfermos y los donantes.

2. Una donación de sangre es...
a. una revisión rutinaria.
b. un acto voluntario.
c. una recomendación médica.

3. Psicológicamente, donar sangre...
a. es positivo.
b. es estresante.
c. es necesario.

4. La sangre donada puede destinarse para...
a. ayudar a los hospitales.
b. realizar operaciones y trasplantes.
c. proteger a las víctimas de catástrofes.

5. Para donar sangre es necesario...
a. ser mayor de 18 años.
b. ir a un hospital.
c. tener una autorización médica.

6. Según algunos datos...
a. necesitas más de media hora para donar.
b. más del 5 % de los españoles es donante.
c. medio litro de sangre puede salvar tres vidas.

EXPRESIÓN E INTERACCIÓN ESCRITAS

TAREA 1
Dar consejos

Has recibido un mensaje de una amiga que te cuenta algunos problemas.

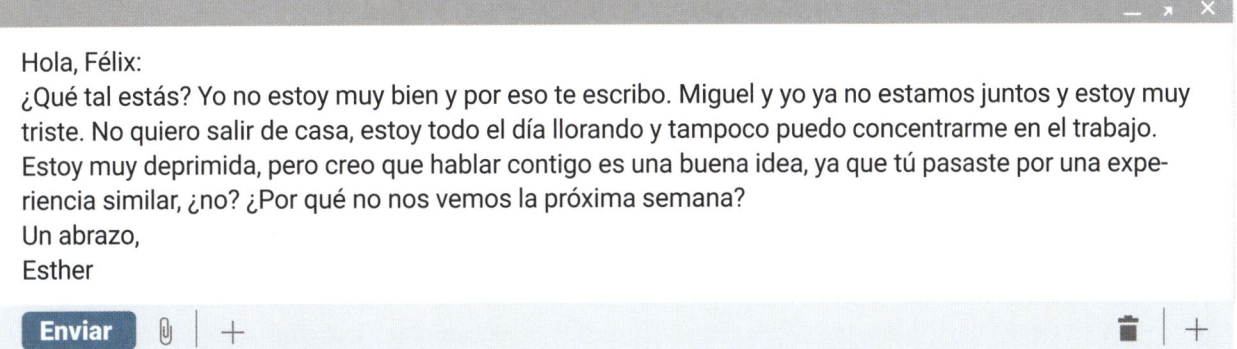

Hola, Félix:

¿Qué tal estás? Yo no estoy muy bien y por eso te escribo. Miguel y yo ya no estamos juntos y estoy muy triste. No quiero salir de casa, estoy todo el día llorando y tampoco puedo concentrarme en el trabajo. Estoy muy deprimida, pero creo que hablar contigo es una buena idea, ya que tú pasaste por una experiencia similar, ¿no? ¿Por qué no nos vemos la próxima semana?

Un abrazo,

Esther

Enviar

Responde al correo de tu amiga. En él tienes que:

- Saludar.
- Contestar a las preguntas.
- Ofrecer ayuda y consejos.
- Proponer un día para veros.
- Despedirte.

Número de palabras recomendadas: entre 60 y 70.

EXPRESIÓN E INTERACCIÓN ORALES

TAREA 2
Monólogo breve

Tienes que hablar durante 2 o 3 minutos sobre llevar una vida saludable. Tienes que hablar de:

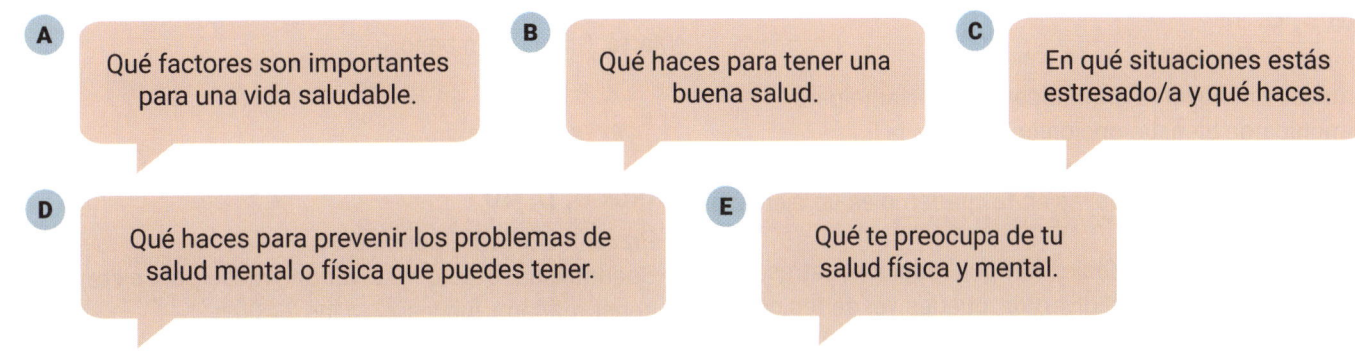

A Qué factores son importantes para una vida saludable.

B Qué haces para tener una buena salud.

C En qué situaciones estás estresado/a y qué haces.

D Qué haces para prevenir los problemas de salud mental o física que puedes tener.

E Qué te preocupa de tu salud física y mental.

TRANSCRIPCIONES

Dimensiones A1+A2
Libro de ejercicios

Unidad 2

Pista 1, p. 12

a. o, ene, ge > ONG, organización no gubernamental

b. o, ene, u > ONU, Organización de las Naciones Unidas

c. e, ese, o > ESO, Enseñanza Secundaria Obligatoria

d. u, e > UE, Unión Europea

e. erre, te, uve, e > RTVE, Radio Televisión Española

f. a, uve, e > AVE, Alta Velocidad Española

g. de, ene, i > DNI, documento nacional de identidad

h. o, eme, ese > OMS, Organización Mundial de la Salud

Pista 2, p. 15

a. ¿Hoy hay examen?

b. ¡Qué mal, otra vez sin wifi en la biblioteca!

c. ¿Es pronto o la escuela está cerrada?

d. ¿Hay un profesor nuevo de conversación?

e. ¡Oh, el laboratorio de idiomas está cerrado!

f. ¡Hoy es fiesta! ¡No hay clase!

Pista 3, p. 18

Comprensión auditiva

0. Estudiar y conocer la gramática es importante para comunicarse bien. La opción correcta es la l.

1. Aprender léxico con canciones es fácil y motivador.

2. Escribir las palabras nuevas en tu cuaderno es un ejercicio muy bueno.

3. Antes de empezar a trabajar, hay que reducir el estrés.

4. Para aprender de forma divertida, puedes ver series con subtítulos.

5. Es importante pronunciar con claridad las vocales.

Unidad 3

Pista 4, p. 21

2-73-96-102-2030-100-525-40-42-2029

Unidad 4

Pista 5, p. 33

Marta: ¿Jorge? Hola. Oye, ya sé que estás en la oficina, pero hoy no como en casa, porque tengo una reunión importante.

Jorge: ¡Vaya! ¿Qué pasa?

Marta: Mañana presentamos el nuevo proyecto y estoy muy estresada. Tengo que trabajar toda la tarde, así que no puedo ir al colegio a buscar a las niñas.

Jorge: Tranquila. Hoy termino antes y puedo ir yo. Mariana sale a las 17:00 (cinco), ¿verdad?

Marta: Sí. Recuerda llevar merienda para ellas. Mariana merienda después de salir de clase. Luego, vais a buscar a Valentina a la guardería a las 17:45 (seis menos cuarto).

Jorge: De acuerdo. Después, cenamos juntos en casa y hablamos.

Marta: Gracias. Un beso.

Unidad 5

Pista 6, p. 40

—Pizzería Coliseo. Buenos días.

—Buenos días. Quiero reservar una mesa para siete. Es para cenar mañana, jueves 27, a las 21.00 h.

—¿Quieren cenar fuera, en la terraza? Hay mucho sitio.

—Mejor dentro, gracias.

—Un momento... Sí, tenemos una mesa en un sitio muy tranquilo.
—Ah, genial. Gracias.
—Bien. ¿Me puede dar su nombre y su número de teléfono, por favor?
—Sí, mi nombre es Clara y mi teléfono 692 547 380.
—Bien, repito su número: seis-nueve-dos, cinco-cuatro-siete, tres-ocho-cero. ¿Correcto?
—Sí, perfecto.
—Muy bien. Adiós y gracias.

Unidad 6

Pista 7, p. 50

Conversación 0

Hombre: ¿A dónde vas, Luisa?
Mujer: Necesito comprar un vestido para Marta. ¿Quieres venir conmigo?
Hombre: Sí, claro. ¿Vamos al centro comercial?
Mujer: Prefiero ir a las tiendas del centro de la ciudad.
Hombre: Estupendo, así no necesitamos el coche.

¿Dónde va la mujer? La opción correcta es la A, porque prefiere ir a las tiendas del centro de la ciudad.

Conversación 1

Hombre: Esta tarde tengo que ir al centro y no sé qué hacer, porque no tengo tiempo.
Mujer: El coche o el autobús son muy rápidos y hay una parada cerca de casa.
Hombre: Sí, pero contaminan mucho.
Mujer: Pues la estación del metro tampoco está lejos.
Hombre: Buena idea.

¿Cómo va a ir al centro el hombre?

Conversación 2

Hombre: ¿Qué te pasa? Pareces enfadada.
Mujer: Tengo problemas con el cuarto de baño. La ducha no funciona y no podemos hacer nada, porque está todo lleno de agua.
Hombre: Entonces tienes que llamar a un albañil o a los bomberos si hay mucha agua.
Mujer: No sé. Antonio es fontanero. Voy a hablar con él.

¿Qué profesional necesita la mujer?

Conversación 3

Mujer: ¿Ya sabes dónde está el nuevo restaurante? Tengo ganas de ir.

Hombre: Laura dice que está muy cerca, en la plaza Mayor.
Mujer: ¿Sí? Creo que está en la calle Mayor.
Hombre: Ah, pues no sé. Dice que está al lado de una biblioteca.
Mujer: Entonces, en la calle Mayor.

¿Dónde está el nuevo restaurante?

Conversación 4

Mujer: Necesitamos comprar fruta, pan y medicinas.
Hombre: Yo puedo ir al supermercado. Está muy cerca de casa.
Mujer: Sí, pero no me gusta la fruta que tienen. Prefiero comprar en las tiendas del barrio.
Hombre: Vale, pues yo voy a la farmacia y tú compras la fruta y el pan.

¿A qué establecimiento va el hombre?

Conversación 5

Mujer: La vida en los pueblos es más tranquila que en la ciudad.
Hombre: Sí, pero en la ciudad hay más cosas: cines, restaurantes, centros comerciales.
Mujer: Ya, pero hay muchos coches y todo es más caro.
Hombre: Ya veo que te gustan más los pueblos.
Mujer: Así es.

¿Dónde prefiere vivir la mujer?

Unidad 8

Pista 8, p. 63

Vaya día... Hoy me he levantado tarde porque no he oído la alarma del móvil, y por eso no he podido ducharme. He llegado tarde al trabajo y no he podido hablar con la jefa, porque he tenido una reunión y después he tenido que redactar un informe urgente para unos clientes. Como no he tenido tiempo para comer con mis compañeros, he tomado un café en la máquina de la oficina y he empezado a contestar los correos que tenía, pero el ordenador se ha estropeado y no he podido terminar de contestar todos y tampoco he podido ver la nueva campaña de publicidad que han presentado por videoconferencia. He hablado con Sara y me ha dicho que no ha podido ir a comprar, así que he salido de la oficina y he ido yo, por eso no he podido contestar los mensajes de WhatsApp. He comprado algunas cosas para la cena y he llegado a casa muy tarde. Ha sido un día muy difícil.

Transcripciones

Unidad 9

Pista 9, p. 73

a.
—¿Esta pelota es tuya, Luis?
—No, no es mía, pregunta a Juan.
—Juan, ¿es tuya esta pelota?
—Sí, es un regalo de mis amigos del fútbol.
b.
—¿De quién es esa tabla de surf azul?
—No sé. La mía es blanca. Creo que es de Luisa.
—No, no es mía, es de Sara.
c.
—Buenos días, Inés, ¿tienes aquí tus patines?
—Hoy no, pero Roberto tiene los suyos.
—Hola, Roberto, ¿tienes aquí tus patines? ¿Puedo usarlos?
—Sí, claro. Están ahí.

Unidad 10

Pista 10, p. 82

Hombre: ¿Quieres pasar más días de vacaciones con tu familia, pero no quieres pagar billetes de avión ni hoteles? En Viaja a tu medida tenemos la solución. Disponemos de un gran número de automóviles de alquiler. En nuestras caravanas pueden viajar hasta siete personas. ¿Quieres venir a conocernos? Estamos en la N-634, kilómetro 6, salida Camino Real. ¡Te esperamos!

La opción correcta es la b, porque Viaja a tu medida ofrece caravanas de alquiler.

Anuncio 1

Mujer: Si estás pensando hacer el Camino de Santiago, pero llevas una mochila muy grande, en Mochileros con ruedas tenemos la solución. Mientras tú disfrutas del camino, nosotros te llevamos la mochila, la bolsa de viaje o la maleta de un alojamiento al otro, hasta terminar tu viaje. Si necesitas más información, entra en www.mochilerossobreruedas.com para ver nuestras propuestas.

Anuncio 2

Hombre: Si no tiene tiempo para viajar o hacer una escapada de fin de semana, en escapadas.com organizamos salidas todos los fines de semana y puentes en cualquier ciudad de su elección. Usted solamente tiene que decidir cuándo y dónde quiere ir y enviarnos un WhatsApp con esta información un mes antes de su viaje para poder ofrecerle

diferentes opciones. Confíe en nosotros. Tenemos 10 años de experiencia.

Anuncio 3

Mujer: Si te gustan los deportes de aventura en familia y buscas vivir una experiencia diferente, en nuestra web puedes encontrar diferentes planes: piragüismo, tirolinas, rutas en bici y rutas a caballo, y todo en la naturaleza. Nuevas actividades en julio y agosto. Puedes reservar en nuestra web: www.entrecieloytierra.com o visitarnos en nuestra agencia. Alojamiento en casas rurales. Grupos de veinte personas máximo.

Anuncio 4

Hombre: ¿Necesitas relajarte con tus amigas o tu pareja un fin de semana? Si estás buscando centros de turismo termal con tratamientos de salud y aguas terapéuticas, en Salute per aqua podemos ayudarte. Solo tienes que elegir una provincia o ciudad cerca de tu casa y nosotros buscamos el lugar adecuado, porque para relajarse no es necesario ir muy lejos. Envíanos un WhatsApp con tus datos y te contactamos.

Anuncio 5

Mujer: ¿Conoces gastroturismo.com? Somos una empresa que organiza comidas y cenas de familiares o amigos que quieren reunirse alrededor de una mesa y disfrutar de la comida desde el principio hasta el final. Nuestras ofertas incluyen, siempre, propuesta de restaurantes y servicio de transporte de ida y vuelta: taxi (máximo 6 personas), minibús (máximo 20 personas) o autobús (máximo 45 personas). No trabajamos con coches particulares. Infórmate en el 674 44 55 66.

Anuncio 6

Hombre: ¿Quiere alojarse en un parador, pero no sabe cuál? En paradores.es tiene a su disposición la red de Paradores de España (y uno en Portugal). Consulte nuestras ofertas. Hay opciones para todos: parejas, familias, grupos de amigos... Solo tiene que decidir dónde desea ir: playa o montaña, pueblo o ciudad, y hacer su reserva directamente en nuestra página web. Si está interesado o interesada, entre en www.paradores.es. No se responden mensajes de WhatsApp.

Unidad 12

Pista 11, p. 98

Alberto: Beatriz, mira, he comprado este cuaderno para las

fotos y recuerdos del regalo de mamá. Lo he visto y me ha gustado.

Beatriz: ¡Ay, sí, le va a encantar! Ha sido muy buena idea, recuerdo que ella tenía muchos álbumes de fotos cuando éramos pequeños. Seguro que los encontramos fácilmente en su casa.

Alberto: Sí, es verdad. Le gustaba mucho organizar las fotos de las vacaciones. Este cuaderno va a ser perfecto para poner ahí lo que tenemos. He traído fotos antiguas que tenía yo… ¿dónde las ponemos?

Beatriz: Podemos organizarlo por etapas: primero, cuando éramos muy pequeños, las de los cumpleaños, con la familia… Mira, aquí tengo una foto de cuando íbamos al parque y otra muy simpática de las vacaciones en el pueblo, con los abuelos. ¿Te acuerdas?

Alberto: Sí, ¡qué tiempos más bonitos! Mamá tenía una cámara y siempre sacaba fotos.

Beatriz: Eran unas fotos preciosas. Yo tengo unos dibujos que hicimos cuando íbamos al colegio y podemos ponerlos también.

Alberto: ¿Qué te parece si tú escribes algunas frases sobre esos recuerdos?

Beatriz: Muy bien, pero frases alegres, que no me gustan los recuerdos tristes. Mira esta foto con los primos en tu cumpleaños. Estamos todos muy alegres.

Alberto: Sí, es verdad. Pero recuerdo que, después de la foto, rompí las gafas de mamá y se enfadó mucho.

Beatriz: Ay, es verdad. No me acordaba.

Alberto: Oye, si quieres, puedo decorar el cuaderno. Creo que tengo algunas ideas.

Beatriz: Perfecto, porque dibujas muy bien. ¿Por qué no buscamos fotos de cuando íbamos a la playa? Había algunas donde jugabas al balón con tus amigos.

Alberto: Vale. Seguro que le va a gustar mucho.

Unidad 13

Pista 12, p. 106

Conversación 0

Vas a escuchar a un hombre que habla con su mujer.

Mujer: Madre mía. Hoy vienen todos a comer y aún no he terminado el postre.

Hombre: ¿No lo has terminado todavía? Hay que ponerlo en el frigorífico.

Mujer: Lo sé. ¿Y las bebidas? ¿Has comprado todo?

Hombre: A ver, he comprado dos botellas de agua con gas y diferentes refrescos sin azúcar.

Mujer: ¿Y el zumo de manzana?

Hombre: He comprado zumo de uva y de naranja, porque no he visto el de manzana.

Mujer: ¿Y qué hacemos ahora?

Hombre: No pasa nada. Sara siempre trae zumo de manzana para su hijo.

¿Qué bebida ha olvidado comprar el hombre? La opción correcta es la C. Dice que no ha visto el zumo.

Conversación 1

Vas a escuchar a una mujer que habla de las tareas de la casa con un compañero.

Mujer: Pedro, tú vas siempre con la camisa perfecta.

Hombre: ¡Qué dices! Pero si no sé planchar.

Mujer: ¿Entonces…?

Hombre: Lo que hago es doblar la ropa con mucho cuidado.

Mujer: Pues voy a probar yo, porque poner la lavadora no me gusta y tender la ropa, menos.

Hombre: Es fácil. Además, a mí me relaja mucho. Pongo música y en media hora tengo toda la ropa planchada. Y, luego, la guardo directamente en el armario.

¿Qué le gusta hacer al hombre?

Conversación 2

Vas a escuchar a un hombre que habla con una compañera de trabajo.

Hombre: ¿Qué tal tu hermana, Érika? ¿Alguna novedad?

Mujer: Pues no… y estoy muy preocupada. No consigo contactar con ella. La he llamado antes de desayunar, después de fregar los platos y justo antes de empezar a trabajar… y nada.

Hombre: ¿Y por qué no le envías un mensaje?

Mujer: Nunca lee los mensajes. Creo que hoy tenía cita en el hospital a las 12:30 h.

Hombre: ¿Has intentado hablar con su marido?

Mujer: Sí, varias veces. Después de preparar la comida llamaré otra vez. Luego te cuento.

¿Qué ha hecho la mujer antes de llamar a su hermana?

Conversación 3

Vas a escuchar a una mujer hablando con su hijo.

Mujer: Hola, hijo, ¿qué tal? Oye, ¿puedes hacerme un favor? ¿Puedes bajar al súper? Yo estoy pasando la aspiradora.

Hombre: Sí, dejo la mochila y bajo. ¿Qué necesitas?

Mujer: Pues estoy pensando preparar ese arroz con verduras que nos gusta tanto, pero acabo de ver que no tenemos.

Hombre: Sin problema. ¿Alguna cosa más?

Transcripciones

Mujer: Creo que no. Mañana tu padre va a preparar pasta y hay todavía, y creo que el miércoles comemos lentejas con chorizo, pero el chorizo ya lo compro yo.
Hombre: Bajo ahora.

¿Qué necesita la mujer?

Conversación 4

Vas a escuchar a un chico que habla con su hermana.
Hombre: Isabel, ¿dónde está Javier?
Mujer: Creo que está en la cocina.
Hombre: ¿Está haciendo los bocadillos para la excursión de hoy?
Mujer: Pues no. Está preparando el desayuno: tostadas con mermelada y mantequilla, como todos los días.
Hombre: ¿Sabes si ha hecho zumo? Ayer compré unas naranjas muy buenas.
Mujer: Creo que no. Ha hecho el café. El zumo pensaba hacerlo yo ahora.
Hombre: Sí, mejor. Así conserva las vitaminas. Voy a poner la mesa.

¿Qué está haciendo el hombre?

Conversación 5

Vas a escuchar a una mujer que habla con un vecino.
Hombre: ¿Qué te pasa? ¿Estás enfadada?
Mujer: Nada. La aspiradora, que está dando problemas. No sé qué le pasa, pero ya he llamado al técnico tres veces.
Hombre: ¿Por qué no la cambias?
Mujer: Ya no tiene garantía. Además, también se ha estropeado el microondas, así que tenemos que comprar otro.
Hombre: Pues nosotros tenemos dos. Si quieres uno...
Mujer: Pues se lo digo a Marcos y pasamos esta tarde por tu casa.
Hombre: Esta tarde, complicado, porque nos traen la nueva lavadora. Mejor mañana. Te llamo y te aviso.

¿Qué electrodoméstico ha comprado el hombre?

Conversación 6

Vas a escuchar a un hombre hablando con su mujer.
Hombre: ¿Vas a hacer tortilla de patatas? ¿Te puedo ayudar?
Mujer: Estupendo. Si quieres, puedes pelar las patatas. Mientras, yo pongo el aceite en la sartén.
Hombre: ¿Corto también una cebolla?
Mujer: Mejor sin cebolla. Pero puedes batir los huevos.
Hombre: Vale.
Mujer: Ahora cortamos las patatas, ponemos sal y las freímos.
Hombre: ¿Y los huevos?
Mujer: Al final. Cuando están listas las patatas, les quitamos el aceite, las añadimos a los huevos y lo mezclamos bien todo. Luego ponemos la mezcla en la sartén. La freímos primero por un lado y luego por el otro, y ya tenemos la tortilla.

¿Qué ingrediente no lleva la tortilla?